U0749831

引领与支撑

党建引领浙江科技创新高质量发展研究

主编　费必胜　　执行主编　李祖平

◎ 浙江省软科学研究重点项目

◎ "双建"载体构建运行　"高能级动力系统"加快形成

◎ 推进持续性引领　系统性赋能　整体性跃升

浙江工商大学出版社
ZHEJIANG GONGSHANG UNIVERSITY PRESS
·杭州·

图书在版编目(CIP)数据

引领与支撑：党建引领浙江科技创新高质量发展研究 / 费必胜主编；李祖平执行主编. —— 杭州：浙江工商大学出版社，2021.12

ISBN 978-7-5178-4729-8

Ⅰ. ①引… Ⅱ. ①费… ②李… Ⅲ. ①区域经济－技术革新－研究－浙江 Ⅳ. ①F127.55

中国版本图书馆CIP数据核字(2021)第232336号

引领与支撑——党建引领浙江科技创新高质量发展研究
YINLING YU ZHICHENG——DANGJIAN YINLING ZHEJIANG KEJI
CHUANGXIN GAOZHILIANG FAZHAN YANJIU

费必胜 主编 李祖平 执行主编

出 品 人	鲍观明
责任编辑	黄拉拉 郑 建
责任校对	谭娟娟
封面设计	浙信文化
责任印制	包建辉
出版发行	浙江工商大学出版社
	(杭州市教工路198号 邮政编码310012)
	(E-mail：zjgsupress@163.com)
	(网址：http://www.zjgsupress.com)
	电话：0571-88904980，88831806（传真）
排 版	杭州彩地电脑图文有限公司
印 刷	广东虎彩云印刷有限公司绍兴分公司
开 本	880mm×1230mm 1/32
印 张	6.625
字 数	113千
版 印 次	2021年12月第1版 2021年12月第1次印刷
书 号	ISBN 978-7-5178-4729-8
定 价	39.00元

本书编纂委员会

主　　编：费必胜

执行主编：李祖平

成　　员：周海鹰　赵一帆　刘晓燕　杨博雅

前　言

在科技领域,如何"围绕中心、建设队伍、服务群众",推动党建和科技创新深度融合,在党建引领中彰显科技支撑? 习近平总书记在中央和国家机关党的建设工作会议上的重要讲话,为我们提供了根本遵循和思想源泉。

科技部党组书记、部长王志刚发表在《旗帜》杂志上的署名文章——《强化政治引领 突出政治机关定位 把党的全面领导贯穿科技工作全过程》,以及在 2021 年全国科技管理系统党建工作交流座谈会上强调的"要强化政治引领,坚持发挥党建的引领保障和动力源泉作用,以党建高质量发展赋能科技创新事业高质量发展"等要求;时任浙江省科技厅党组书记、厅长的浙江省政协副主席周国辉在 2017 年全国科技管理系统党建工作交流座谈会上作的《党建不手软 业务才过硬》交流发言,浙江省科技厅党组书记何杏仁在 2019 年全国科技管理系统党建工作交流座谈会上作的《建设清廉机关 创建模范机关 以高质量党建引领高水平创新强省建设》交流发言,为我们的研究提供了指引。

浙江省科技厅坚持提高政治站位强化党建统领,坚持目标导向突出创建重点,坚持效果导向引领创新发展,积极建设清廉机关、创建模范机关,使"双建"成为推动科技创新发展的"红色引擎"。通过对浙江以高质量党建引领创新强省建设的创新实践的研究,我们更加充分地认识到,党建要有高质量,对机关党建工作的正确认识、有效载体、责任落实一个都不能少。只有坚持党的全面领导,把牢正确政治方向,才能牢记科技部门首先是"政治机关",澄清"把党建工作等同于党务工作""科技部门就是业务部门"等模糊的认识,克服"党建和业务'两张皮'"的错误做法;才能在加强顶层设计、注重整体谋划、严密组织推进、压实工作责任中,实施好政治定力强化、素质能力提升、担当作为激励、"严""实"作风锻造、凝心聚力推进等"五大工程";才能在结合科技工作实际细化落实"红色根脉强基工程"中,高质量推进党史学习教育;才能在深入开展"双建"和"三为"专题实践活动中,进一步加强"清廉科技"建设,持续推动科技党建工作走在前、作表率,为高水平创新型省份和科技强省建设提供坚强保证。

在浙江省科技厅机关党委的指导和浙江省科技宣传教育

中心党总支的领导下,省级软科学研究重点项目"以党建引领科技创新高质量发展的举措与机制研究"课题组,经过前期的学习调研和案例分析,先后与中央党校、省委党校、省社科院等机构的相关专家进行探讨,从不同层面深入研究,撰写了5篇报告(论文),并形成了全面翔实的总报告。总报告研究阐释了高质量党建的丰富内涵和科学衡量标准,基于钱学森的复杂巨系统理论提出了科技创新高质量发展的"涡轮式"推进模式、浙江科技创新高质量发展正加快形成"高能级动力系统"的研究新思路,进而提出了在以科技自立自强建设高水平创新强省进程中,如何强化党建引领、进一步推动深度融合,以新型举国体制加强关键核心技术攻关,以高质量党建更加彰显科技支撑的新思考。

今年是中国共产党成立100周年,值此学习习近平总书记"七一"重要讲话精神和党史学习教育在全党深入开展之际,根据本项目专题研讨会上的专家建议,经党总支会议研究,浙江工商大学出版社审定,现以本研究项目成果为主体,编撰成专著《引领与支撑——党建引领浙江科技创新高质量发展研究》正式出版。本研究还只是在科技党建领域里的一个新开始,不足之处还请领导、专家们批评指正。

Chapter 2

专题研究篇／关于新型举国体制

Chapter 3

实践推进篇 / 科技党建成果与案例

Chapter 1

综合研究篇／关于高质量发展 [①]

"推动党建和业务深度融合",是习近平总书记在中央和国家机关党的建设工作会议上指出的"总结实践,主要有6条重要经验"的其中之一,也是新时代党的政治建设和党建引领的核心要义之一。在科技领域,如何"围绕中心、建设队伍、服务群众",推动党建和科技创新深度融合?浙江以党建引领科技创新高质量发展的创新实践,为我们打开了一个新的研究领域,提供了深度融合从"'双建'载体构建运行"到"系统推进、

① 浙江省软科学研究重点项目"以党建引领科技创新高质量发展的举措与机制研究"(项目编号:2020C25040)总报告(项目负责人／总报告执笔:李祖平,成员／总报告审核:应向伟、吕国昌,成员:刘晓燕、周海鹰、陈心怡、杨博雅)。

赋能跃升"的答案和样本。

"双建"载体构建运行,就是牢记科技部门首先是"政治机关",坚持党建和业务工作一起谋划、一起部署、一起落实、一起检查,共融共通、相互促进,以"建设清廉机关、创建模范机关"暨"凝聚创新力量,展现科技新姿"为主题,围绕"双建"目标、责任、任务、主体等来制定和实施考评指标体系。"双建"载体的构建与运行,既找准了机关党建的定位——政治机关的鲜明本色,"围绕中心、建设队伍、服务群众"的率先示范,"与时俱进、改革创新,勇于探索实践、善于总结经验"的活力先锋,又找准了党建与科技创新的结合点——赋能科技创新高质量发展,还找准了党建引领的着力点——更加彰显科技创新对经济社会高质量发展的支撑、主导与引领作用;既澄清了"把党建工作等同于党务工作""科技部门就是业务部门"等思想认识上的问题,又破解了"党建和业务'两张皮'"的方法论与工作实效上的难题。

系统推进、赋能跃升,就是党建的强大引领力和组织力,通过"严"的要求,"实"的举措,"活"的机制,推进"双建"载体与科技创新高质量发展的深度融合——在赋能取得基础性成效和关键性成效的同时,加快形成浙江科技创新高质量发展的

"高能级动力系统",并在强化党建引领、进一步推动深度融合中,实现其"核心驱动力"作用机制从"层次复合型"的驱动,升级为更高能级、更高能效、更高水平的"聚合裂变型"的"支撑、主导、引领",从而为浙江经济社会高质量发展提供源源不断的创新力、创造力和竞争力。

1 党建与业务深度融合是党建引领的核心要义之一

1.1 党建与业务深度融合才能发挥党建引领作用

如何"推动党建和业务深度融合"? 习近平总书记指出:"只有围绕中心、建设队伍、服务群众,推动党建和业务深度融合,机关党建工作才能找准定位。""处理好党建和业务的关系,解决'两张皮'问题,关键是找准结合点,推动机关党建和业务工作相互促进。各部门党组(党委)要围绕中心抓党建、抓好党建促业务,坚持党建工作和业务工作一起谋划、一起部署、一起落实、一起检查,使各项举措在部署上相互配合、在实施中相互促进。要改进完善机关党建工作考核评价机制,发挥考核的指挥棒作用、选拔任用的导向作用。"

习近平总书记从增强党建与业务深度融合的自觉性、实效性和长效性等方面,为推动党建与业务深度融合指明了方向。党建与业务深度融合作为党的政治建设和党建引领的核心要义之一,从工作实践看,如果脱离中心抓党建,脱离业务抓党务,党建工作就会偏离正确的方向,就会失去生命力。只有把党建工作放到中心工作中去思考、谋划、部署,才能把讲政治落实到党的领导、党的建设各项事业中去。将讲政治放在首位、融入血液、化为气质,让讲政治成为一种内在要求、思维常态、行动自觉,从而不断提高党的建设质量;才能围绕建设队伍、服务群众持续发力,从形式到内容上得到深化,从深度到广度上得到拓展,始终保持生机与活力;才能找准定位、找准结合点、找准着力点,在真正意义上发挥党建引领作用。

1.2 高质量党建是党建引领的体系化支撑

1.2.1 党建与业务深度融合是高质量党建的关键要素

习近平总书记指出:"党的十八大以来,中央和国家机关党的建设取得了显著成绩,积累了重要经验。""推动党建和业务深度融合"是"总结实践,主要有6条重要经验"的其中之一,与其他5条经验作为"提高党的建设质量"的关键要素,形成了高质量党建的一个完整体系,也成为以高质量党建引领高质量发展的根本遵循和行动指南。这6个关键要素包括:坚持和加强党的全面领导；坚持以习近平新时代中国特色社会主义思想为指导；推动党建和业务深度融合；持之以恒抓基层、打基础，发挥基层党组织战斗堡垒作用和党员先锋模范作用；与时俱进、改革创新，勇于探索实践、善于总结经验；全面落实党建责任制。

这6条经验集中体现了中央和国家机关党的建设工作的丰富实践，是我党极为宝贵的财富，是新形势下加强党建工作的重要指导原则，不仅为高质量党建指明方向、明确目标，也成为高质量党建的科学衡量标准：一是永葆党建工作主体单位作为政治机关的鲜明本色的标准；高质量党建，必须坚持和加强党的全面领导，坚持党要管党、全面从严治党，以党的政治建设为统领。二是始终确保正确方向的标准；高质量党建，必须坚持以习近平新时代中国特色社会主义思想为指导，高举思想旗帜、强化理论武装。三是找准定位的标准；高质量党建，必须围绕中心、建设队伍、服务群众，推动党建和业务深度融合。四是落地生根的标准；高质量党建，必须持之以恒抓基层、打基础，发挥基层党组织战斗堡垒作用和党员先锋模范作用。五是不断提高质量、充满活力的标准；高质量党建，必须与时俱进、改革创新，勇于探索实践、善于总结经验。六是形成强大合力的标准;高质量党建,必须全面落实党建责任制,坚持党组(党委)班子带头、以上率下、以机关带系统。

1.2.2 只有高质量党建才能充分发挥党建引领作用

"推动党建和业务深度融合"是发挥党建引领作用的必要条件之一。6条经验形成高质量党建的完整体系,是发挥党建引领作用的充分必要条件,也是党建引领的体系化支撑。随着全面从严治党的深入推进,党建进入高质量发展的新阶段。通过强化高质量意识,实施高质量举措,推动高质量发展,以"推动党建和业务深度融合"为关键支撑点,不仅解决"抓不抓"的问题,更解决高质量党建抓得"实不实"、效果"好不好"的问题,从而充分发挥党建政治引领和组织保障的作用。以下从3个方面分析高质量党建工作的推进。

一是彰显目标导向推进高质量党建,在解决"抓不抓"的问题中充分发挥党建引领作用。把更加突出政治引领、做到"两个维护",体现在深入学习领会习近平新时代中国特色社会主义思想上,体现在坚决贯彻落实习近平总书记重要指示批示精神和党中央决策部署上,体现在创建让党中央放心、让人民群众满意的模范机关上。通过践行新时代党建使命任务,带头做到"两个维护",当好"三个表率",在党的政治建设、思想建设、

组织建设、作风建设、纪律建设、制度建设、反腐败斗争等方面
实现高质量发展，做到政治功能凸显、组织体系健全、制度机制
管用、作用发挥充分、作风形象良好，以更高的政治站位不断提
高"两个维护"能力，推进高质量党建。

二是强化实践导向推进高质量党建，在解决抓得"实不实"
的问题中充分发挥党建引领作用。更加突出落实求实、精准求
效，推动党建和业务深度融合，以更强的创新意识推进高质量
党建。在处理好共性和个性、党建和业务、目标引领和问题导
向、建章立制和落地见效、继承和创新5种关系中，推进党建理
念、方式、方法、手段创新，探索破解党建和业务"两张皮"问题，
坚持党建和业务工作一起谋划、一起部署、一起落实、一起检
查，实现共融共通、相互促进。在补短板强弱项中，以改革创新
精神攻坚克难，拿出硬招实招一个个加以破解，始终坚持围绕
中心抓党建、抓好党建促业务，紧扣职责任务，紧盯薄弱环节，
找准党建工作和业务工作、党建要求和党员需求、理论学习和
实践运用的结合点，推动党建和业务深度融合。

三是突出效果导向推进高质量党建，在解决效果"好不好"
的问题中充分发挥党建引领作用。在聚焦中心工作抓党建中，
树立"聚精会神抓党建、一心一意谋发展"的意识，中心工作开

展到哪里,党的政治建设、思想建设、组织建设、作风建设、纪律建设和制度建设就要跟进到哪里,党员干部的示范引领和骨干带动作用、党组织的战斗堡垒作用和党员的先锋模范作用就要发挥到哪里。在围绕建设队伍抓党建中,坚持以党的建设带队伍建设,严格党内政治生活,严明党的纪律,健全党内激励关怀帮扶机制,切实让党建工作的成效体现为党员队伍"四个意识"的进一步增强,精神状态的进一步提振,干事创业激情的进一步迸发,优良工作作风的进一步彰显。在突出服务群众抓党建中,牢固树立全心全意为人民服务的宗旨意识,着眼于服务改革、发展稳定主战场,谋划推进党建各项任务。在分类指导、精准施策抓党建中,加强对党员干部的思想淬炼、政治历练、实践锻炼和专业训练,深入实施基层党组织建设质量提升行动计划,切实让党建工作体现出政治领导力、思想引领力、群众组织力、集体号召力和干部战斗力,并融汇成为贯彻落实中心工作的强大推动力,确保党建各项工作真正走在前、作表率。

2 科技创新高质量发展的巨系统与推进模式

2.1 科技创新高质量发展的复杂巨系统

在"创新是引领发展的第一动力,要走好科技创新先手棋"开启建设创新型国家和世界科技强国的新发展阶段,科技创新高质量发展的要素与内涵,早就不是传统意义上的概念与范畴了,其边界与内容都已得到进一步的扩展与升级,成为涉及政府、企业、科研院所、高等院校、国际组织、中介服务机构、社会公众等众多主体,包括人才、资金、科技基础、知识产权、制度建设、创新氛围等众多创新主体、创新要素,在交互复杂作用下的一种先进生产力的涌现,成为一种开放的复杂巨系统(这一新的科学领域及其基本理论和方法论,由我国著名科学家钱学森提出)。该系统具体包含了五大子系统共计22个层次复合型要素(见表1.1)。

表 1.1　科技创新高质量发展复杂巨系统

五大子系统 22 个层次复合型要素

子系统类别（简称）	要素编号	要素内容
政府机构（简称 A）	①	各级政府以一系列、一揽子的计划、规划和战略来确定经济社会和技术产业的创新方向和未来发展方向
	②	政府始终紧盯前沿科学技术的开发进展，持续不断地制订科技计划，而且一直投入资金坚持实施，不断推动行政区划内的基础研究和科技创新进程
	③	政府以专利和知识产权保护、鼓励科技成果转化等一系列激励政策，坚持不懈地创造并且维护良好的创新环境
	④	政府整合、优化各类创新资源的配置，组织实施孵化、培育各类创新主体的发展壮大
科研机构（简称 B）	①	科研院所和高校以国家战略目标和国际学术前沿，以及未来科技、产业和社会重大需求和问题为导向，重点布局一批新兴交叉学科集群，争创国际、国内一流水平
	②	科研院所和高校通过协同创新、建立联合实验室、联合开展重大科研攻关等方式，实现人才资源优势集聚

续　表

子系统类别（简称）	要素编号	要素内容
科研机构（简称B）	③	科研院所和高校以所在行政区域产业和企业发展需求为导向，培养急需学科专业人才
	④	科研院所和高校与企业联合开展关键共性技术研发，共建产业技术研究院、产业科技园、协同创新中心等平台载体，独立建设或联合共建孵化器和众创空间，培育科技型企业
	⑤	科研院所和高校整合人才团队、社会资本、地方政府等各方资源，以市场需求为导向，推进科技成果转化
人才队伍（简称C）	①	大批科技工作者以需求和问题为导向投身基础研究和科技创新，激发创新创造活力，让科技创新成果源源不断地涌现出来
	②	大批科研人员和工程师队伍发挥人才济济、组织有序的优势，形成战略力量，推动重要领域关键核心技术攻关
	③	教育培养造就一大批具有国际先进水平的战略科技人才、科技领军人才、创新团队、青年科技人才，使之成为科技创新主力军
	④	科技开放合作不断加强，面向世界汇聚一流人才，吸引海外高端人才
	⑤	形成不断壮大的科技企业家队伍，领导和推动超大规模的新经济体发展

子系统类别 （简称）	要素编号	要素内容
金融资本 （简称D）	①	聚焦高新技术产业的高投入、高风险、高效益等特性，大量金融机构采用各种方式进行资本投入
	②	资本实力雄厚的科技企业以反哺方式组建风险投资机构，对新技术、新项目、新产品、新服务进行创业投资
	③	金融资本发挥政府与市场组合优势，使风险最小化、效益最大化
	④	金融资本市场不断拓展市场化模式，完善私募投资和创业投资退出机制，吸引更多社会资本投入，让投资者更好地分享优质企业的成长红利，从而不断做大、做强高新技术产业和企业
精神文化 （简称E）	①	全社会弘扬包括"胸怀祖国、服务人民的爱国精神，勇攀高峰、敢为人先的创新精神，追求真理、严谨治学的求实精神，淡泊名利、潜心研究的奉献精神，集智攻关、团结协作的协同精神，甘为人梯、奖掖后学的育人精神"等内涵的科学家精神
	②	全社会坚守科学伦理、科研诚信和道德
	③	全社会形成尊重劳动、尊重知识、尊重人才、尊重创造的创新文化和浓厚氛围
	④	全社会形成以新知识、新理念、新技术、新产品、新业态、新生活为主流的现代时尚文化

2.2 科技创新高质量发展的"涡轮式"推进模式

科技创新高质量发展作为复杂巨系统,其发展如何,关键就在于复杂系统及其子系统运动的稳定性与综合效能的发挥效果。科技创新如果仅仅停留在复杂巨系统的复杂涌现,那么不可控制的变量与要素在多螺旋演进中形成的生产力的先进性,也是不稳定和不可量化评价的。而科技创新高质量发展五大子系统的 22 个"层次复合型"要素,在不同的创新生态里,既可以全部要素同时发挥作用,也可以部分要素根据实际需求和现实条件分阶段发挥作用;既可以在单个子系统里发挥作用,也可以与各子系统的要素多次、多重结合、复合、融合后发挥作用(与涡轮增压发动机通过促进汽油充分燃烧,输出更加强劲动力,实现更加生态高效的作用机制高度一致),从而发挥不一样的高质量驱动力,实现不一样的高质量发展成果,创造并形成可以控制和量化的高能级、高能效的"涡轮式"推进模式(见图 1.1),铸就名副其实的"核心驱动力"动力源。

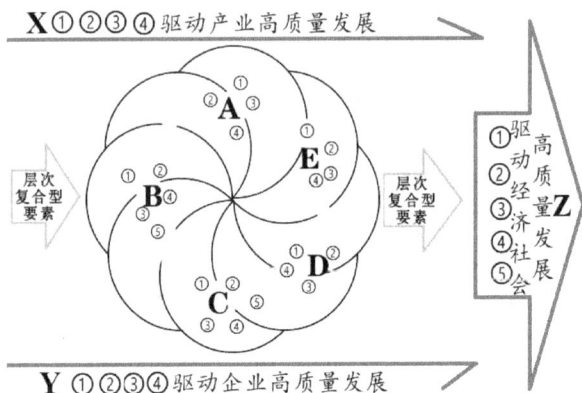

图1.1 科技创新高质量发展复杂巨系统"涡轮式"推进示意图

3 以"双建"为载体的党建引领与科技创新高质量发展

3.1 "双建"是高质量党建的重要载体

"双建"是"建设清廉机关、创建模范机关"的简称。浙江省科技厅为深入贯彻习近平总书记在中央和国家机关党的建设工作会议上的重要讲话精神,坚决落实习近平总书记对中央和国家机关提出的建设让党中央放心、让人民满意的模范机关的重要指示精神和省委关于建设清廉浙江的要求,按照省委直属机关工委的具体部署,结合党建与科技创新深度融合的工作实际,构建运行了以"凝聚创新力量,展现科技新姿"为主题的科技党建"双建"载体。

　　"双建"载体形成了四大特色要素：一是责任，做到组织有保障。浙江省科技厅党组把"双建"作为强化党建引领的重要载体，以高度的政治责任感扛起"双建"工作的使命担当；坚持把习近平总书记重要论述、指示批示作为厅党组学习的"第一议题"，第一时间组织学习，并作为"第一标准"对标对表，牢牢把握"双建"的工作方向。二是任务，做到推进有实效。坚持党建和业务相互融合，使"双建"成为推动科技创新发展的"红色引擎"。三是指标，做到考评有标准。通过综合评比和量化打分，评出每个基层党组织和党员的"双建"模范指数，作为年度党组织和党员考核评价的重要依据。四是平台，做到管理有系统。按照"互联网＋党建"的理念，构建了集成智慧党建、智慧监督功能的"双建"智慧系统，实现党建基础工作管理、科技廉政风险防控"云监控"，着力把"双建"系统打造成为落实"最多跑一次"改革和推进政府数字化转型的重要平台。

　　作为高质量党建的重要载体，围绕四大特色要素和"处室（单位）、党员"两个主体来制定并实施的考评指标，已成为高质量党建内涵的具体实践和成效的体现（见表1.2）。

表1.2　高质量党建内涵与"双建"考评指标对应表

高质量党建内涵		"双建"考评指标	
根本遵循	衡量标准	处室（单位）	党员
一是坚持和加强党的全面领导	永葆党建工作主体单位作为政治机关的鲜明本色的标准	政治建设	党性修养
二是坚持以习近平新时代中国特色社会主义思想为指导	始终确保正确方向的标准		
三是坚持党建和业务深度融合	找准定位的标准	科技服务	
四是坚持抓基层、打基础	落地生根的标准	作风效能	
五是坚持与时俱进、改革创新	不断提高质量、充满活力的标准	担当作为	
六是坚持全面落实党建责任制	形成强大合力的标准	清廉科技	廉洁自律

3.2 "双建"考评是发挥党建引领作用的重要抓手

处室（单位）考评指标包括政治建设、科技服务、作风效能、担当作为和清廉科技5个一级指标；党员考评指标包括党性修养、科技服务、作风效能、担当作为和廉洁自律5个一级指标。

如何以党建引领科技创新高质量发展来推动党建和科技

创新深度融合？浙江的创新实践是，围绕"双建"重点内容，通过闭环式考评抓出成效。

依据处室（单位）指标，重点考评：树牢"四个意识"、增强"四个自信"、做实"两个维护"以及贯彻落实中央、省委省政府决策部署的情况；落实全面从严治党主体责任，推动党的建设全面进步、全面过硬的情况；落实服务创新主体工作的情况；履职尽责，推动中心工作落实的情况；改进工作作风、提高行政效率的情况；党风廉政建设责任制落实的情况。依据党员指标，重点考评：树牢"四个意识"、增强"四个自信"、做实"两个维护"和拥护党的路线、方针、政策的情况，以及履行党员义务，参加学习教育和组织生活的情况；联系群众、团结群众和服务基层的情况；履职尽责，落实厅党组工作部署的情况；改进工作作风、提高行政效率的情况；遵章守纪的情况。

通过政治建设（党性修养）、科技服务、作风效能、担当作为、清廉科技（廉洁自律）等指标的闭环式考评，抓出了以党建引领科技创新高质量发展组织有保障、推进有实效的基础性成效和持续性引领、系统性赋能、整体性跃升的关键性成效。

4 党建引领科技创新高质量发展的举措、机制与关键性成效

"双建"载体除了有责任、任务、指标、平台四要素,"处室(单位)、党员"二主体,还必须有一个强大的内核。没有强大的内核,再多的要素也发挥不了作用。这个内核就是党委政府机关的省科技厅党组和厅领导班子,也就是推动党建和科技创新深度融合、以党建引领科技创新高质量发展的思想中心、决策中心、指挥中心、政策中心、资源中心和动力中心。因此,只有具备鲜明本色、充满活力且能率先示范的强大内核,才能确保取得党建对科技创新高质量发展持续性引领、系统性赋能、整体性跃升的关键性成效。

4.1 找准定位,以"鲜明本色 + 率先示范 + 充满活力"推进持续性引领

要确保取得持续性引领的关键性成效,就必须找准定位,抓强党建与科技创新深度融合的内核。抓强了这个内核(思想中心、决策中心、指挥中心、政策中心、资源中心、动力中心),以科技管理部门作为政治机关,就能够做到科技部党组书记、部长王志刚提出的——把落实习近平总书记重要指示批示作为检验"两个维护"的"试金石",把学习领会习近平总书记关于

科技创新重要论述作为加强理论武装的"策源地",把落实全面从严治党的政治责任、营造风清气正的良好政治生态作为机关政治建设的"压舱石";就能够确保"鲜明本色＋率先示范＋充满活力",推进党建的持续性引领。

4.1.1 确保科技管理部门作为政治机关鲜明本色

党的十九大强调"以党的政治建设为统领""把党的政治建设摆在首位",凸显党的政治建设的极端重要性。浙江省科技厅始终坚持以党的政治建设为统领,确保其作为政治机关的鲜明本色。一是深入学习贯彻习近平总书记在浙江考察时的重要讲话精神、中央和国家机关党的建设工作会议精神,全面贯彻落实党内法规条例及相关实施意见,认真履行全面从严治党主体责任,坚持把政治标准作为第一标准,严格做到"信念过硬、政治过硬、责任过硬、能力过硬、作风过硬"。二是高质量抓好巡视整改工作,扎实推进建设清廉机关、创建模范机关,不断深化"三服务",着力夯实基层基础,持续推进正风肃纪。三是不断提站位、夯基础、强担当、提效能、优服务、增活力,强化效果导向、目标导向,突出"科"字特色,努力在政治建设道路上走在前、作表率,为在"重要窗口"建设中高质量落实科技创新各项工作任务提供坚强保证。

4.1.2 确保科技管理部门机关党建率先示范

在中央和国家机关党的建设工作会议上,习近平总书记强调指出,只有围绕中心、建设队伍、服务群众,推动党建与业务深度融合,机关党建工作才能找准定位。这一重要论述不仅指出了机关党建工作发挥作用的着力点、关键点,而且阐明了机关党建工作发挥作用的途径和方式,为做好新时代机关党建工作指明了方向。浙江省科技厅着力强化党建与业务深度融合的自觉性、实效性、长效性,在党建工作与业务工作结得更紧、抓得更实的职责担当中,发挥率先示范与带头作用,切实提高推动科技创新高质量发展的能力和水平。一是更好地贯彻落实中央和省委省政府的决策部署,围绕省委描绘的建设"六个浙江"和推进"两个高水平"建设的美好蓝图,把政治优势、组织优势转化为坚定不移地沿着"八八战略"指引的路子建设"重要窗口"的战略定力,转化为以科技自立自强支撑"重要窗口"和社会主义现代化先行省建设的独特优势。二是更广泛地凝聚全省科技系统中党组织和党员的力量,推动广大党员干部提高政治站位、增强履职本领、勇于担当作为、提升作风效能,更好地服务企业、服务群众、服务基层,加快实现科技创新治理体系和治理能力现代化。三是更深入地用党的创新理论和路线方针政策武装头脑,进一步提高认识、统一思想,指导科技创新实践,不断提升党在基层和人民群众中的威信和形象,加强和巩固党的有效执政和长期执政。

4.1.3 确保科技管理部门机关党建充满活力

在中央和国家机关党的建设工作会议上,习近平总书记强调指出,只有与时俱进、改革创新,勇于探索实践、善于总结经验,机关党建工作才能不断提高质量、充满活力。浙江省科技厅机关党建在省委省政府的坚强领导下始终坚持改革创新、与时俱进。一是在学习贯彻中充满活力,把学习贯彻习近平总书记考察浙江重要讲话和《习近平在浙江》《习近平科学的思维方法在浙江的探索与实践》,以及省委十四届七次、八次全会精神作为重要政治任务,把深入实施创新驱动发展战略作为以党建引领科技创新高质量发展的立足点和总抓手。二是在深刻认识中充满活力,科技创新既是应对大变局最重要的工具和最有效的手段,也是"重要窗口"建设最强大的动力和最鲜明的标志,把加快推进创新强省,以及"互联网 +"、生命健康、新材料三大科创高地建设,作为机关党建创新探索的发力点和主抓手。三是在与时俱进中充满活力,努力做到浙江省委书记袁家军要求的,聚力科技创新、催生新动能;依靠创新驱动、技术进步、高素质人才激发强大内生动力；形成"人人讲创新、处处有创新、时时在创新"的生动局面。

4.2 找准结合点，以"先进 + 强大 + 富有生命力"实现系统性赋能

要确保取得系统性赋能的关键性成效，就必须抓优党建与科技创新深度融合的举措与机制。"双建"责任通过"严"的要求与指标、"双建"任务通过"实"的举措与成效、"双建"平台通过"活"的机制与优势，来聚合形成并确保"先进 + 强大 + 富有生命力"的组织力，从而推进党建对科技创新高质量发展的系统性赋能。

4.2.1 以"严"的要求与指标确保组织力的先进

打铁先要自身硬，看党建工作是否先进，首先要看在政治领导力上，有没有坚决做到"两个维护"；其次要看在组织覆盖力上，有没有把基层党组织打造成为坚强堡垒，有没有守牢廉政底线，做到监督执纪无盲区。浙江科技党建着力在"严"的要求里提升组织力的先进性，确保党组织和广大党员干部在政治立场上与党中央保持高度一致，并形成严密完善、坚强有力的组织体系，切实加强对全省科技系统基层组织的政治领导。

一是坚决做到"两个维护"，不断提高政治站位。厅党组带领全体党员干部,始终做到忠诚核心、拥戴核心、维护核心,把中央和省委省政府决策部署落到实处,贯彻到科技工作全过程、科技事业发展各方面。在全面从严治党中,始终把握"政治引领、压实责任、融入发展"三大原则,着力抓好"党建引领、整体智治、基层基础、作风纪律"四方面工作。党员干部坚持理论先行,用习近平新时代中国特色社会主义思想武装头脑、指导实践,不断强化宗旨意识和以人民为中心的发展思想。按照《关于新形势下党内政治生活的若干准则》的要求,规范党内政治生活,坚持和完善民主集中制,对违反政治纪律和政治规矩的言行坚决批评制止,发扬斗争精神,坚决抵制和反对庸俗腐朽的政治文化。

二是讲政治、有活力、能战斗,打造坚强堡垒。在全厅上下牢固树立"抓党建是最大政绩"的工作理念,落实党要管党、全面从严治党的要求,推动党建与业务同研究、同部署、同考核、同落实。强化基层党支部政治功能和服务功能,严格执行"三会一课"、主题党日活动等组织生活制度,深入开展"抓早抓小日常谈、关键节点重点谈、发现问题及时谈"的谈心谈话,加强对党员干部的教育管理监督。紧紧围绕"服务中心、建设队伍"的目标任务,推动党建与业务"两提升、两促进",着力打造讲政治、有活力、能战斗的坚强堡垒。

三是5个方面"无盲区",全力推进清廉建设。坚持反腐倡廉无盲区,制订并落实《关于推进省科技厅系统清廉建设的实施办法》,把清廉思想、清廉制度、清廉规则、清廉纪律、清廉文化一体推进并嵌入科技工作全过程。坚持全面从严治党工作汇报制度,层层抓落实,强化责任传导,做到责任落实无盲区。加强党规党纪教育,实现警钟长鸣、防微杜渐,做到警示教育无盲区。开展廉政风险点排查监督,完善工作程序,扎紧制度笼子,强化制度执行,构建"全流程、全对象、信息化、痕迹化"的智慧监督平台,做到内控制度无盲区。把纪律挺在前面,把监督挺在前面,守牢廉政底线,做到监督执纪无盲区。

四是分类细化指标,实现闭环量化考评。"严"的要求通过分类细化的"双建"考评指标,形成了党建与业务工作深度融合的"双闭环"。处室(单位)考评除了包括5个基础项指标(政治建设、科技服务、担当作为、作风效能、清廉科技),还包括厅领导评价、处室(单位)互评和服务对象测评3个评议项指标;党员考评除了包括5个基础项指标(党性修养、科技服务、担当作为、作风效能、廉洁自律),还包括民主测评和支部评价两个评议项指标,从而构建了党建与科技创新深度融合的"双建"

载体(四要素、一内核、二主体)"双闭环"考评运行体系(见图1.2)。

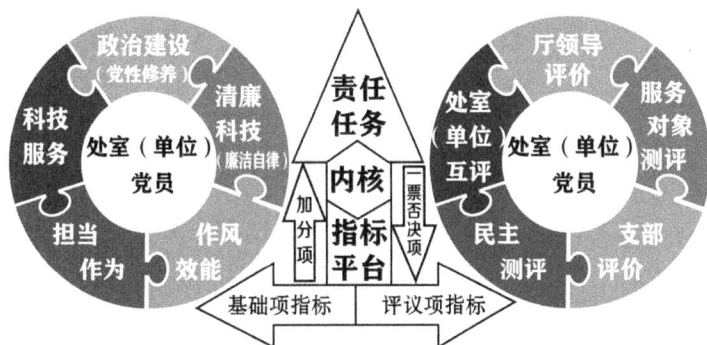

图 1.2 "双建"载体"双闭环"运行体系示意图

处室(单位)指标总分为 1000 分,包括基础项(800 分)和评议项(200 分)两类指标,另设加分项(最高 100 分)和一票否决项。党员指标总分为 100 分,包括基础项(40 分)和评议项(60分)两类指标,另设一票否决项。按照党建与业务工作深度融合的要求,厅机关党委每年公布年度"双建"创建任务指标,以及处室(单位)和党员"模范指数"标准线。

4.2.2 以"实"的举措与成效确保组织力的强大

党群凝聚力、社会号召力是强大的党建组织力的重要体现。浙江省科技厅通过开展"建设清廉机关、创建模范机关"

暨"凝聚创新力量、展现科技新姿"的主题活动,深化科技领域"最多跑一次"改革,以"三减三优三支撑"为重点深入开展"三服务"活动,进一步强化党员干部的党的意识和党员意识,使担当精神和凝聚力加速转化为服务对象、社会各界中不断提升的影响力、号召力。

一是立项目、建体系,增强"双建"实效与履职本领。厅党组专门印发实施了《开展"建设清廉机关、创建模范机关"活动暨"凝聚创新力量,展现科技新姿"主题活动实施方案》,规划实施了政治定力强化工程、素质能力提升工程、担当作为激励工程、"严""实"作风锻造工程、凝心聚力推进工程等"五大工程"。建立了领导责任体系、"月展示、季通报、年考核"推进机制和数字化督查督办机制等工作机制。注重加强党员干部综合素质,既扎扎实实学好本职工作的业务知识,又眼观六路,不断优化知识结构、拓宽视野,全面加强履职本领。2021 年对标习近平总书记提出的"七种能力",围绕贯彻落实十九届五中全会精神和交流年度工作情况,已举办两场"比学比做、争先创优"交流会,展现厅系统党员干部的奋进者姿态和创造性张力。

二是比赶超、走前列,突出争先进位与担当作为。着力破除"差不多、过得去"的粗放思维,树立精益求精的较真精神,每个处室都有一个隐形排行榜,经常把工作质量和效益掂量掂量。在具体目标上,既放眼全国全省横向比、定坐标,又着眼长远未来纵向比、找差距,在把握方向、抓住重点中,拉高标杆比赶超。提供高质量科技供给,拿出更有效的举措,通过大力实施"科技新政",在打造"互联网+"、生命健康、新材料三大科创高地上实现了新突破,在推动高质量发展上走在了全省前列。

三是提效率、强支撑,深化服务意识与效果导向。厅机关以全省科技系统效能建设为核心,按照省政府数字经济"一号工程"的要求,全力建设"科技大脑",不断深化"最多跑一次"改革,加快提高行政质量和效率;制订并实施《省科技厅为基层减负的八条举措》,实现精简申报材料三分之一、减少填报内容三分之一,项目评审立项时间从 120 个工作日减少到 60 个工作日,高企认定时间从 240 天减少到 80 个工作日,得到了省纪委、省委办公厅的肯定,并在《科技日报》头版推出;按照"更实、更细、更精准"的要求,扎实推进"三服务"工作,研究制订《深化"三服务"助推"十联动"工作方案》,建立"五机制一平台",做强"三减三优三支撑"。2021 年,"科技服务一指办"列入省党史学习教育专题实践"数智赋能提效行动";结合数字化改革新要求深化"三服务"2.0 工作,"浙里扣""浙科贷"在"浙里办"上线试运行,企业财务核算时间从 3 天缩减至 10 分钟,为企业授信贷款近 100 亿元。

4.2.3 以"活"的机制与优势确保组织力富有生命力

浙江省科技厅以"活"的机制"大抓学习",深化推进改革创新,不断提升自我净化、自我完善、自我革新、自我提高的能力,这是基层党组织永葆生机活力、发挥战斗堡垒作用的动力来源。在此基础上,深化"双建"载体干事创业的平台功能,以"活"的机制和优势"广选干部"和"善办实事",不断提升科技创新事业的发展推动力,让组织力始终确保富有生命力。

一是"大抓学习",打造科技创新"活课堂"。厅党组专门研究制订了《党组理论学习中心组和处级干部理论培训计划》,并在推动落实中形成了长效机制。编制实施干部培训计划,每年安排党性教育培训班、支部书记培训班、青年干部培训班等,这一脱产培训学习制度,让党员干部提升能力素质有了更多更好的机会。"新时代大学习·跟着总书记读好书活动"等主题学习内容鲜活,形成年、月、周、日的常态化推进机制。2021 年,围绕"百年党史看科技、自立自强开新局"学习主题突出科技自立自强和科学家精神等内容,重点学习传承红船精神、"两弹一星"精神、载人航天精神、伟大抗疫精神、科学家精神。已组织开展一系列形式多样的讲座、论坛和报告会，着力把"科技学堂"打造成传播知识、学习教育、提高素质、推动科技创新的"活课堂"。

二是"广选干部"，搭建干事创业"大平台"。完善发现干部、识别干部、培养干部的充满活力的选才用人机制，大力选拔敢于负责、勇于担当、善于作为、实绩突出的干部；优化厅机关人员内部轮岗、厅机关与厅属单位之间干部交流的任用选拔机制，盘活人才资源，为每一名干部搭建干事创业平台。强化共同进步的团结协作机制，营造相互补台、添砖加瓦的良好氛围。

三是"善办实事"，激发担当作为"精气神"。做到急事先办、大事精办、要事稳办、特事特办，确保各项工作有条不紊、有序运转，形成"张张叶子都会动"的统筹协调机制。着眼于办实事、优服务，建成并运行集"搜索式、咨询式、预约式、流程式"服务为一体的在线"三服务"平台，形成省市县三级科技管理部门、科技业务全覆盖的"作风效能"联动考评机制。发挥"马上就办，马上就干""干一件成一件"的全员实干机制，激发了广大党员干部敢于担当、善于作为的"精气神"。其中，仅 2021 年前 4 个月就办理"三服务"需求事项 708 件。

4.3 找准着力点，以"新台阶＋新成就＋新生态"实现整体性跃升

要确保取得整体性跃升的关键性成效，就必须抓出党建与科技创新深度融合的完整体系。从省委省政府高规格召开全省科技创新大会，到省第十四次党代会提出"四个强省"的工作导向，到以超常规力度出台"科技新政50条"，再到2020年省委十四届七次、八次全会，把人才强省、创新强省作为首位战略，并以省委名义印发《关于建设高素质强大人才队伍打造高水平创新型省份的决定》，提出了高水平创新型省份建设"两步走"的目标任务以及25条政策举措。"创新引领发展""创新是关键变量"的理念深入人心，成为全省上下的普遍共识，党对科技创新工作的全面领导已构建出一套从理念到战略再到行动的完整体系，党建引领科技创新高质量发展迎来整体性跃升。

4.3.1 科技创新综合实力跃上新台阶

浙江按照党中央国务院和省委省政府的决策部署，科学谋划新形势下的科技创新工作，大力推进创新型省份和科技强省建设，千方百计提升科技创新水平，使科技创新综合实力持续跃上新台阶。浙江省区域创新能力连续13年居全国第5位（列

广东、北京、江苏、上海之后)、省区第 3 位,企业技术创新能力连续 5 年居全国第 3 位。全社会 R&D 经费支出居全国第 4 位;科技进步贡献率,高新技术产业增加值占规上工业的比重,实现了 2006 年时任浙江省委书记习近平提出的"到 2020 年成为创新型省份,基本建成科技强省"的战略目标,率先迈入创新型省份行列。

4.3.2 支撑高质量发展取得新成就

在党建引领科技创新高质量发展中,浙江准确把握科技创新发展形势,坚定必胜信心,保持战略定力,对标先进抓紧赶、只争朝夕加油干,把创新主动权、发展主动权牢牢掌握在自己手中;坚持将"互联网 +"、生命健康、新材料三大科创高地建设作为提升自主创新能力、实现科技自立自强的关键着力点,规划体系、政策举措、工作机制不断完善,显现出高端人才加速流入、战略科技力量加速布局、科技成果加速转化、标志性成果加速涌现的良好态势。目前,三大科创高地建设取得重大进展,出现了"6789"现象,即全省 60% 左右的国家和省科技奖、70% 以上的科技企业和科技人才、80% 以上的省级科研攻关项目、90% 以上的重大创新平台,均集聚在三大科创高地。其中,首次评选的两项"浙江科技大奖"产生在生命健康和"互联网＋"领域。

同时,浙江省更加注重自立自强和企业主体,大力推动科技与经济社会深度融合,支撑引领高质量发展取得新成就。高新技术企业从 2015 年的 6437 家增加到 2020 年的 22158 家,科技型中小企业从 23930 家增加到 69119 家,高新技术产业增加值占规上工业的比重从 37.5% 提升到 59.6%,在 EB 级大数据计算平台、高端射频芯片、传染病防治、结构生物学、燃煤超低排放、农业新品种选育等领域取得一批重大科技创新成果,部分领域进入并跑、领跑阶段。2020 年,全省规上工业增加值的近六成(59.6%)、规上工业新产品产值的八成以上(81.1%),均来自高新技术产业。

4.3.3 体制机制与创新创业形成新生态

在党建引领科技创新高质量发展中,浙江省始终坚持党对科技工作的全面领导,牢牢把握科技发展的正确方向,把深化改革作为科技发展的根本途径,不断突破制约科技创新的体制机制障碍,系统推进科技体制改革,全面发力、多点突破、纵深发展,在重要领域和关键环节取得实质性突破;获批建设全国唯一的全省域国家科技成果转移转化示范区,深化市县全面创新改革试点,设立"浙江科技大奖",创设创新引领基金,在全国率先推行"创新券"制度,推进科研放权赋能,实现项目负责人"3个完全自主",积极开展赋予科研人员职务科技成果所有权或长期使用权改革试点等,解放和激发了科技作为"第一生产力"所蕴藏的巨大潜能,进一步优化了创新创业生态系统。科技特派员、产业创新服务综合体、县域科技创新等改革经验做法,在全国会议上做经验介绍。党建引领科技创新高质量发展形成创新创业新生态,科技创新两项工作——"实施创新驱动发展战略、推进自主创新和发展高新技术产业成效明显的地方"和"改善地方科研基础条件、优化科技创新环境、促进科技成果转移转化以及落实国家科技改革与发展重大政策成效较好的地方",连续两年获国务院督查激励,浙江也成为全国首个连续两年同时获得两项科技创新督查激励的省份。

"双建"载体运行体系与党建引领科技创新高质量发展的关键性成效,还可以用一张综合性的示意图来直观表述(见图1.3)。

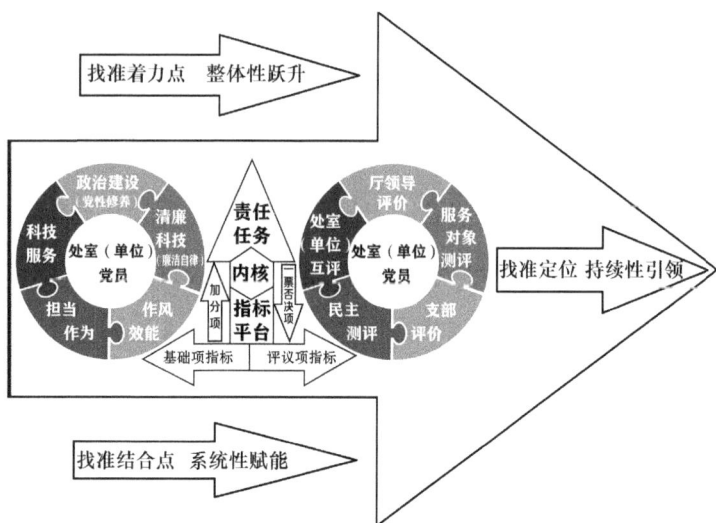

图1.3 "双建"载体运行与党建引领关键性成效示意图

5 以新格局、新政策、新计划加快科技创新高质量发展

党的十九届四中全会审议通过的《中共中央关于坚持和完善中国特色社会主义制度 推进国家治理体系和治理能力现代化若干重大问题的决定》指出，"中国特色社会主义制度是党和人民在长期实践探索中形成的科学制度体系，我国国家治理一切工作和活动都依照中国特色社会主义制度展开，我国国家治理体系和治理能力是中国特色社会主义制度及其执行能力的集中体现"。这就要求党建引领科技创新高质量发展，也必须

遵循治理体系和治理能力现代化这一制度安排和顶层设计。党建与科技创新深度融合的进程将成为体系日趋系统完备、不断科学规范、愈加运行有效的过程,也是科技管理部门作为政治机关,不断加强党对科技工作的全面领导、强化政府主导作用的新格局、新政策、新计划,以加快科技创新高质量发展的过程。

5.1 以新格局加快科技创新高质量发展

习近平总书记在党的十九大报告中提出了加快建设创新型国家和世界科技强国的战略目标和任务。从国际发展环境看,当今世界又一次处于百年未有之大变局中,正在经历新一轮大发展、大变革、大调整,中国迫切需要把握新一轮科技革命和产业变革大势,充分发挥后发优势,加快创新、补齐短板,为实现创新跨越发展注入新动能,为促进经济全球化和多极化提供新动力。从国家发展需求看,社会主要矛盾发生了新变化,迫切要求依靠科技创新引领开拓发展新境界。而在全球防控新冠肺炎疫情和国内国际双循环背景下,科技创新不仅是供给侧结构性改革的关键所在,更是保障“双循环”安全稳定的重要支撑。这就需要党委政府在顶层设计上,对科技创新高质量发展的新格局进行谋划与设定,以现代化的科技创新治理来不断强化战略科技力量,提升国家和省域创新体系的整体效能。

党的十九届五中全会审议通过的《中共中央关于制定国民经济和社会发展第十四个五年规划和二〇三五年远景目标的建议》,历史性地提出坚持创新在我国现代化建设全局中的核心地位,把科技自立自强作为国家发展的战略支撑。浙江省委十四届八次全会审议通过的《中共浙江省委关于制定浙江省国民经济和社会发展第十四个五年规划和二〇三五年远景目标的建议》提出,将"着力建设三大科创高地"作为"十四五"经济社会发展13个战略抓手中"第一战略抓手"。本研究认为,由此也设定了党建引领科技创新高质量发展来实现省域科技创新治理现代化的新格局、新目标:一是创新型人才队伍建设、体制机制改革、重大平台打造、创新主体培育等取得重大突破;二是研究与试验发展经费投入强度达到国际先进水平,重要指标实现"六倍增六提升",初步建成重大科学装置群,基本形成新型实验室体系、区域性创新平台体系、企业技术创新体系,基本建成国际一流的"互联网+"科创高地;三是初步建成国际一流的生命健康科创高地、新材料科创高地,高水平创新型省份和科技强省、人才强省建设取得重大进展,在科技创新、产业创新方面走在前列。

5.2 以新政策加快科技创新高质量发展

新政策具体包括各级党委政府坚持不懈地创造并且维

护良好的创新环境,以专利和知识产权保护、鼓励科技成果转化等一系列政策、法规、条例等,以及各级党委政府整合、优化各类创新资源的配置,组织实施孵化、培育科研机构、产业园区、科技型企业等各类创新主体发展壮大的一系列激励政策、办法、举措等。新政策的实施,将以更加有力、有效的抓手来持续发挥党委政府的主导作用,在党建与科技创新的深度融合中,加快推动科技创新高质量发展和科技创新治理现代化。

浙江从"十三五"以来,已经出台实施了 20 余个科技创新政策,如省委省政府联合发文实施的《关于实行以增加知识价值为导向分配政策的实施意见》《关于进一步加强科研诚信建设弘扬科学家精神的实施意见》等,如省政府发文实施的《关于强化实施创新 驱动发展战略深入推进大众创业、万众创新的实施意见》《关于补齐科技创新短板的若干意见》等。其中,《关于全面加快科技创新推动高质量发展的若干意见》被称为"科技新政 50 条",此后又出台实施升级版《中共浙江省委关于建设高素质强大人才队伍打造高水平创新型省份的决定》,通过不断叠加的新政策,对加快科技创新治理现代化和治理生态形成,发挥了深层次、体系化的推动作用。

5.3 以新计划加快科技创新高质量发展

新计划具体包括各级党委政府确定经济社会和技术产业的创新方向和未来发展方向的一系列、一揽子的计划、规划和战略,同时包括党委政府始终紧盯前沿科学技术的进展、持续不断地制订科技计划、不断推动行政区划内的基础研究和科技创新进程时配置安排的巨量科研资金。新计划的实施,将为持续发挥党委政府的主导作用、推进党建与科技创新的深度融合,加快推动科技创新的高质量发展、科技创新治理现代化,提供更加具体的载体、平台。

中央和国家的重大科技计划和创新工程,是针对事关国计民生的重大社会公益性研究,以及事关产业核心竞争力、整体自主创新能力和国家安全的战略性、基础性、前瞻性的重大科学问题、重大共性关键技术和产品,为国民经济和社会发展主要领域提供持续性的支撑和引领。浙江省委由此提出,在加快建设全球人才蓄水池方面,实施"鲲鹏行动"计划,大力引进国际一流的战略科技人才、科技领军人才和高水平创新团队。在集成力量建设创新策源地方面,深化实施"尖峰""尖兵""领雁""领航"等计划,率先形成社会主义市场经济条件下新型举国体制浙江路径,加强战略性前瞻性基础研究,打好关键核心技术攻坚战。在做优做强战略性新兴产业和未来产业方面,实施"三大科创高地"计划——大力培育新一代信息技术、生物技术、新材料、高端装备、新能源及智能汽车、绿色环保、航空航天、海洋装备等产业,加快形成一批战略性新兴产业集群;大力培育生命健康产业,推动信息技术与生物技术融合创新,打造全国生命健康产品制造中心、服务中心和信息技术中心;大力培育新材料产业,谋划布局前沿领域新材料,打造新材料产业创新中心。同时,超前布局发展人工智能、生物工程、第三代半导体、类脑芯片、柔性电子、前沿新材料、量子信息等未来产业,加快建设未来产业先导区。

6 浙江科技创新高质量发展的新目标、新系统、新着力点

6.1 浙江科技创新高质量发展的新目标

《中共中央关于制定国民经济和社会发展第十四个五年规划和二〇三五年远景目标的建议》提出,"坚持创新驱动发展,全面塑造发展新优势""加快发展现代产业体系,推动经济体系优化升级""强化国家战略科技力量。制定科技强国行动纲要,健全社会主义市场经济条件下新型举国体制,打好关键核心技术攻坚战,提高创新链整体效能"。浙江省委十四届八次

全会把"着力建设三大科创高地"列为"第一战略抓手",重点要在打造国家战略力量、精准推进核心技术攻关、提升科技企业竞争力、培育引进科技创新人才、深化科技管理体制机制改革、更好服务创新主体等方面加快取得突破性成效,建设科技创新现代化先行省份。这也是不断加强党对科技工作的全面领导、强化政府主导作用,在"十四五"规划战略上对科技创新高质量发展提出的新目标。

6.2 浙江科技创新高质量发展巨系统与推进模式的新内涵

科技创新高质量发展如何通过不断加强党对科技工作的全面领导、强化政府主导作用,在深入实施人才强省、创新强省首位战略,以系统谋划和整体布局加快培育国家战略科技力量、集中力量打好关键核心技术攻坚战、着力提升企业技术创新能力、大力加强科技人才队伍建设、深入推进科技体制改革、积极营造良好的创新生态等方面,奋勇争先,不断跃上更高的新台阶?

浙江通过出台实施"科技新政 50 条"和升级版《中共浙江省委关于建设高素质强大人才队伍打造高水平创新型省份的决定》,从推动高质量发展必须深入实施创新驱动发展战略的高度,对科技创新高质量发展这一复杂巨系统进行了具有浙江特色的要素配置、内涵设计和作用定制。其适合"涡轮式"推进的五大子系统的类别和要素有了新的划分和表述,通过深层次、体系化的配置、设计、凝练、定制,具体化为体现浙江特色、浙江内涵的新的五大子系统和新的 16 个"聚合裂变型"要素(见表1.3)。

表 1.3　浙江科技创新高质量发展复杂巨系统
五大子系统 16 个"聚合裂变型"要素

子系统类别	要素编号	要素内容（关键词）
A	①	目标任务措施
	②	十联动生态
	③	创新创业生态圈
B	①	双轮驱动
	②	四链融合
	③	八大计划行动
C	①	三大科创高地
	②	创新策源地
	③	生态最优省
D	①	人才引领优势
	②	创新策源优势
	③	产业创新优势
	④	创新生态优势
	⑤	全域创新体系

子系统类别	要素编号	要素内容（关键词）
E	①	高水平创新型省份和科技强省
	②	高水平社会主义现代化

子系统 A:目标任务措施、十联动生态、创新创业生态圈——科学设定创新强省建设的总体目标与任务,谋划提出具有比较优势且切实可行的支持措施,打出全面加快科技创新的"组合拳",各地各部门共同打造"产学研用金、才政介美云"十联动创新创业生态,形成创新主体高效协同、创新要素顺畅流动、创新资源优化配置的创新创业生态圈。

子系统 B:双轮驱动、四链融合、八大计划行动——坚持科技创新和体制机制创新双轮驱动,按照产业链、创新链、资金链、政策链融合要求,破除创新驱动发展的体制机制障碍,大力实施"尖峰计划""尖兵计划""领雁计划""领航计划""鲲鹏行动""雄鹰行动""凤凰行动""雏鹰行动",最大限度激发全社会创新活力。

子系统 C:三大科创高地、创新策源地、生态最优省——实施"人才强省、创新强省"齐头并进的"首位战略",建设具有影响力、吸引力的全球人才蓄水池,建设三大科创高地和全球创新策源地,建设具有国际竞争力的技术和产业创新体系,建设科技创新与人才生态最优省。

子系统 D：人才引领优势、创新策源优势、产业创新优势、创新生态优势、全域创新体系——实施四力齐发的"优势策略"，即"以超常规举措打造人才引领优势、创新策源优势、产业创新优势和创新生态优势"，全面构建具有全球影响力、全国一流水平和浙江特色的全域创新体系，全面增强自主创新能力，成为"两个高水平"和"重要窗口"建设的强大持久动力和鲜明标志，成为我国建设世界科技强国、育新机开新局的中坚力量。

子系统 E：高水平创新型省份和科技强省、高水平社会主义现代化——设定国际一流的"硬核目标"，即到 2025 年"基本建成国际一流的'互联网 +'科创高地，初步建成国际一流的生命健康和新材料科创高地"；到 2035 年，建成高水平创新型省份和科技强省，在世界创新版图中确立特色优势、跻身前列，为以人民为中心的高水平社会主义现代化建设奠定坚实基础。

6.3 浙江新内涵加快形成"高能级动力系统"

浙江推动党建与科技创新深度融合，以党建引领科技创新高质量发展，在不断跃上更高的新台阶进程中，其复杂巨系统"涡轮式"推进的新内涵，正在加快形成科技创新高质量发展的"高能级动力系统"。

而其"核心驱动力"的作用机制,也将从"层次复合型"的驱动,升级为更高能级、更高能效、更高水平的"聚合裂变型"的"支撑、主导、引领"(见图1.4)。

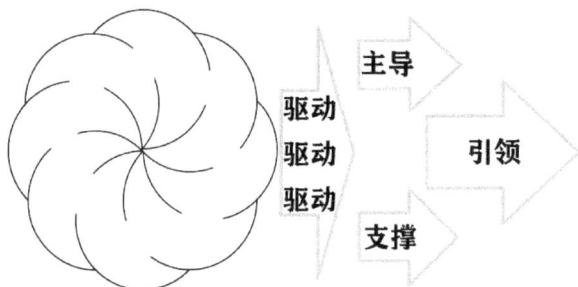

图1.4 科技创新高质量发展"高能级动力系统"作用机制升级示意图

科技创新高质量发展"高能级动力系统""聚合裂变型"的"主导、支撑、引领"作用机制的类别、内容如表1.4所示。

表 1.4 科技创新高质量发展"高能级动力系统""聚合裂变型""主导、支撑、引领"作用机制的类别、内容

作用机制的类别	作用机制的内容
X	在创新驱动发展战略实施和创新强省建设中,形成主导作用机制
Y	在创新创业生态系统构建和新经济发展中,形成支撑作用机制
Z	在供给侧结构性改革和新发展动能培育中,形成引领作用机制

高质量党建通过"双建"载体不断强化持续性引领、系统性赋能、整体性跃升和治理体系、治理能力现代化,从而推动科技创新高质量发展"高能级动力系统",在顶层谋划、目标设定、路径设置等 3 个方面,将五大子系统(A、B、C、D、E)的 16 个"聚合裂变型"要素,以"涡轮式"推进模式的多次、多重结合、复合、融合,在更高能级、更高能效驱动中形成更高质量、更高水平的"主导、支撑、引领"作用机制,从而为浙江经济社会高质量发展提供源源不断的创新力、创造力和竞争力(见图 1.5)。

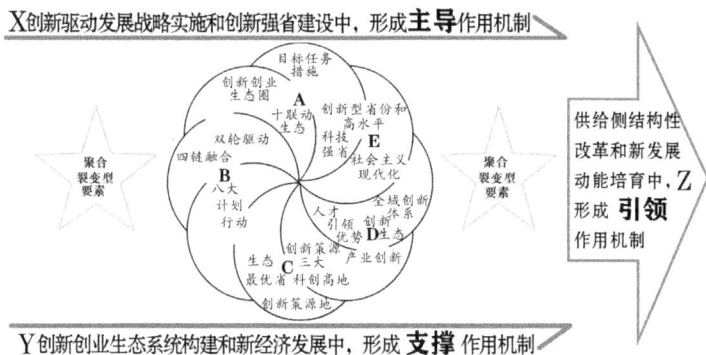

图 1.5 科技创新高质量发展"高能级动力系统"
主导、支撑、引领作用机制示意图

一是在创新驱动发展战略实施和创新强省建设中,形成主导作用机制。顶层谋划上紧紧围绕创新驱动发展战略和创新强省建设,通过以下 3 个方面举措,在创新驱动发展战略实施和创新强省建设中形成主导作用机制(简称 X):第一,浙江省科技体制和创新体系建设领导小组调整为省科技领导小组,由省政府主要领导任组长,由分管副省长任副组长,在主要职能上明确为研究、审议全省科技发展战略、规划、重大政策、重大科技任务和重大项目,协调重大事项等,并加快组建省科技强省建设领导小组。同时,坚持"全球视野、需求导向、服务决策"的原则,组建省科技咨询委员会,常态化开展科技发展改革重大问题的战略研究。第二,建立市、县(市、区)政府一把手抓科技创新的工作机制,加强对科技创新工作的统筹协调、督促落实,加快形成各地、各部门联动推进创新改革、制定创新政策、建设创新平台、实施创新项目、引进和培育创新人才的工作体系,提升创新体系整体效能。第三,聚焦聚力高质量竞争力现代化,牢固树立创新强省工作导向,着力构建"产学研用金、才政介美云"十联动创新创业生态系统,大力推进以科技创新为核心、以创新生态圈为基础的全面创新。

二是在创新创业生态系统构建和新经济发展中,形成支撑作用机制。目标设定上按照创新强省建设总目标进行细化、量化,通过以下 3 个方面举措,在创新创业生态系统构建和新经济发展中形成支撑作用机制(简称 Y):第一,聚焦全社会研发投入、高新技术产业发展、科技成果转移转化、科技企业培育、创新人才引进和培育、科技体制改革、创新环境营造等重点工作。第二,聚力全社会软投入和R&D经费支出、高新技术企业数、科技型中小企业数、PCT国际专利申请量、发明专利授权量、高新技术产业增加值、技术交易额、研发人员数等年度科技创新主要指标。第三,将主要任务细化为六大方面,即:关键核心技术攻坚要支撑新经济快速发展,区域协同创新要打造湾区高新技术产业带,高能级创新载体要集聚高端创新资源,企业主体地位强化要全面提升企业创新能力,科技体制改革深化要激发全社会创新活力,统筹整合要素资源要构建创新创业生态系统。

三是在供给侧结构性改革和新发展动能培育中,形成引领作用机制。路径设置上聚焦供给侧结构性改革和新发展动能培育,通过以下3个方面的举措,在供给侧结构性改革和新发展动能培育中形成引领作用机制(简称Z):第一,有效发挥科技创新在现代化经济体系建设中的战略引领作用,实现各类创新要素与资源融合联动、高质量供给。第二,突出以科技创新引领浙江制造向浙江创造、浙江速度向浙江质量、浙江产品向浙江品牌、制造大省向制造强省转型升级的新发展动能培育。第三,突出技术创新和管理创新的协同,顺应信息化大潮,推动互联网、大数据、人工智能、区块链和产业经济深度融合,围绕专用芯片、人工智能与融合应用、区块链、新一代网络通信与时空技术、空天信息技术、先进制造与智能装备、氢能与燃料电池、储能技术、新型柔性与磁性材料等重点领域,研发一批填补空白的重大成果,通过新技术新业态,实现数字经济、生物医药、新材料、航空航天、新能源汽车、高端装备制造、绿色石化等产业进入全球价值链高端环节。

6.4 浙江党建引领科技创新高质量发展的新着力点

党的十九届五中全会着眼于推动高质量发展,明确提出"提高党的建设质量"。实现高质量发展,需要高质量党建提供引领和保障。以高质量党建引领高质量发展,必须遵循"十四五"时期经济社会发展的首要原则,即坚持党的全面领导,深入贯彻落实新时代党的建设总要求,在科学把握党的建设与经济社会发展关系中找准着力点。

在科技领域,这个新发展阶段的新着力点就是习近平总书记在主持召开经济社会领域专家座谈会并发表重要讲话时指出的:"以科技创新催生新发展动能。实现高质量发展,必须实现依靠创新驱动的内涵型增长。"

　　浙江在丰富和凸显科技创新高质量发展的新内涵、新作用中，结合"科技体制改革与发展"的工作要点，认为这个新着力点包括 7 个方面的新发展内涵。

　　一是大力推进数字化改革，建立整体智治、高效协同的科技创新治理体系。构建科技创新数字化改革体系架构，打造科技创新"揭榜挂帅"等重点场景，提升建设中国浙江网上技术市场 3.0 应用，推动创新资源一体化配置，探索核心技术攻关新型举国体制的浙江路径。

　　二是系统构建战略科技力量，提升科技创新体系化能力。完善创新策源地建设体制机制，构建新型实验室体系，构建技术创新中心体系，推进大科学装置建设。

　　三是健全创新主体培育体系，推动产学研深度融合。强化企业技术创新主体地位，要支持企业牵头建设创新联合体，提升高校和科研院所创新能力，培育发展高端新型研发机构。

　　四是推进技术要素市场化配置改革，促进科技成果转化和产业化。深化科技成果产权制度改革，完善民生领域成果转化机制，健全新产品推广应用制度，健全科技创新金融服务体系。

　　五是完善科技创新人才队伍建设机制，激发人才创新活力。完善创新人才引育体系，改革人才评价激励机制，推进人才服务迭代升级。

六是强化科技开放合作,构建优势互补的区域创新布局。优化区域创新空间布局,深化长三角科创共同体协同机制,构建多层次开放创新网络,健全市县创新驱动发展机制。

七是完善科技创新组织和保障体系,打造最优创新创业生态。完善科技组织领导和决策咨询机制,加大科技创新政策支持力度,构建现代化知识产权保护体系,强化科研作风、学风建设。

而立足长远谋划来表述这个着力点,就是围绕省委省政府决策部署,把建设"互联网+"、生命健康、新材料三大科创高地作为"第一战略抓手"和推进科技自立自强的核心突破口,在创新平台上提能造峰,在创新人才上集聚裂变,在创新主体上倍增提质,在创新生态上争创一流,在创新策源上彰显浙江特色、展现浙江担当,发挥科技创新高质量发展"高能级动力系统"更高起点、更高价值、更高能效的新作用,到2035年"建成高水平创新型省份和科技强省"(高水平创新强省),"在世界创新版图中确立特色优势、跻身前列,为以人民为中心的高水平社会主义现代化建设奠定坚实基础"。

7 以高质量党建引领科技创新高质量发展、高水平创新强省建设的新思考

那么,在把科技自立自强作为国家发展战略支撑、浙江发展核心突破口的新发展阶段和新着力点上,如何强化党建引领、进一步推动党建和科技创新深度融合,以高质量党建引领科技创新高质量发展,并努力做到浙江省科技厅党组书记何杏仁在全国科技管理系统党建工作交流座谈会上要求的"以高质量党建引领高水平创新强省建设"? 本研究提出 3 个方面的新思考(见图 1.6)。

图1.6　以高质量党建引领科技创新高质量发展、
高水平创新强省建设内容体系图

7.1 强化新格局、新政策、新计划,为"第一战略抓手"凝聚"超强内核"

一是更加全面、深刻地认识新格局,为"第一战略抓手"凝

聚"国际化内核"。进一步推动党建和科技创新深度融合、强化党建引领,就必须准确把握新阶段科技创新面临的新形势、新任务,切实增强使命感、紧迫感、责任感,牢牢把握创新主动权。具体而言:第一,在大变局大变革加速演变,中美关系、全球疫情、世界经济复苏等存在不确定性中,更加全面、深刻认识十九届五中全会指出的"我国发展仍然处于重要战略机遇期,但机遇和挑战都有新的发展变化"的重大论断,虽然挑战前所未有,但若应对好了,机遇也是前所未有的;第二,在新一轮科技革命和产业变革加速演进,科技创新成为影响国际格局的重要因素的新格局里,更加全面、深刻认识在科技创新发展中抢占先机,才是我们赢得主动、塑造优势的关键所在;第三,在全球科技"对抗"之势明显加剧,美国明确将中国视为其在全球最大的竞争对手,遏制中国科技的手段层出不穷的新格局里,更加全面、深刻认识我们科学应对、及早部署,下好先手棋、打好主动仗的重大、深远意义,要有效整合国内外创新资源,深入推广"揭榜挂帅"等攻关项目组织模式,精准实施"双尖双领"等重大攻关专项,聚力打好关键核心技术攻坚战,持续提升自立自强的创新策源能力,不断取得自主可控的标志性成果。

二是更加全面、系统地推进政策创新,为"第一战略抓手"凝聚"国家级内核"。进一步推动党建和科技创新深度融合、强化党建引领,就必须按照党中央国务院的决策部署来深化政策创新、释放政策红利。具体而言:第一,在政策创新中更加全面、系统地增强"第一动力"。习近平总书记强调,当今世界正经历百年未有之大变局,科技创新是其中一个关键变量。科技工作干好了,我们就抓住了时代机遇并与之产生同频共振;科技工作没干好,我们就可能陷入战略被动,错失发展机遇,甚至错过整整一个时代。现在,我国经济社会发展和民生改善比过去任何时候都更加需要科学技术解决方案,都更加需要增强创新这个第一动力。党中央对科技创新工作前所未有的重视,创新型国家建设所取得的发展成就,更加印证了科技创新作为"第一动力"的地位和作用。第二,在顶层设计中更加全面、系统地突出创新的"核心地位"。在党中央坚强领导下,我国科技事业取得重大成就,实现了历史性、整体性、格局性的变化。十九届五中全会提出,坚持创新在我国现代化建设全局中的核心地位,把科技自立自强作为国家发展的战略支撑,并把科技创新摆在各项规划任务的首位进行专章部署,这是我们党编制五年规划建议历史上的首次。第三,在指标设置中更加全面、系统地体现"良好环境和坚实基础"。从国家级层面来看,全社会研发经费支出从 2015 年的 1.42 万亿元增长到 2019 年的 2.21 万亿元,研发投入强度从 2.06% 增长到 2.23%(超过欧盟 15 个发达经济体平均水平),创新能力世界排名从第 29 位跃升至第 14 位,人均 GDP 突破 1 万美元,中等收入群体超过 4 亿人,应该说,我国综合国力迈上了新的台阶,经济实力实现大幅跃升,已成为具有重要国际影响力的科技大国。而从长三角一体化发展国家战略的跨区域科技创新共同体的环境与基础优势来看,《2020 长三角区域协同创新指数》报告显示,长三角区域协同创新总指数由 2011 年的 100 分(基期),增长至 2019 年的 204.16 分,总体指数实现翻番;同时,长三角科技资源共享服务平台已集聚重大科学装置 22 个、科学仪器 35546 台(套),总价值超过 431 亿元,平台累计访问量达 120 万人次。这些都为我们推进浙江科技政策创新、发挥"第一战略抓手"作用,做好浙江科技创新工作提供了良好的环境并奠定了坚实的基础。

三是更加全面、精准地实施科技计划,为"第一战略抓手"凝聚"领先型内核"。要进一步推动党建和科技创新深度融合、强化党建引领,就必须根据新一轮科技革命呈现智能主导,深度融合、多点突破的态势,更加全面、精准地实施好重大科技计划。具体而言：第一，在量子信息、脑科学等前沿领域实施重大科技计划和创新工程，在 5G、人工智能等新一代信息技术领域加快全面突破；第二，在健康科技的前沿领域实施重大科技计划和创新工程，在疫苗研发、疾病防控等生物医学领域加快重大突破；第三，在碳中和目标倒逼能源革命和发展方式的绿色转型中实施重大科技计划和创新工程，在碳捕捉、碳封存、零碳电力、储能、节能以及太阳能、氢能等新能源领域加快重大突破；第四，在数据驱动和场景驱动的数字化改革领域实施重大科技计划和创新工程，在新技术、新产品、新赛道、新业态上加快全面突破。

7.2 完善新指标、新指数、新体系，以"数字化改革"深化智慧党建工程

一是更加注重动态性指标，突出提升党建与科技创新深度融合的技术内涵。智慧党建是指运用大数据手段，将党建管理、组织生活、学习教育、互动交流等传统党建工作数据化、在线化，实现党建资源智慧式管理和共享，提升党建工作科学化水平。浙江省科技厅按照"互联网＋党建"的理念构建了集成智慧党建、智慧监督功能的"双建"智慧系统，并在智慧党建系统中嵌入了考评功能模块。在浙江省数字化改革进程中，首先，

深化推进智慧党建工程,实时采集更加全面、翔实的党建大数据和"科技大脑"里的业务大数据;其次,充分运用大数据和云计算技术,对考评指标里的基础项、评议项指标内容进行更加科学的动态化更新和完善;最后,每年由智慧党建系统自动生成新指标,作为厅机关党委公布的年度考评指标的重要依据。

二是更加注重风向标指数,精准强化党建与科技创新深度融合的目标导向。在以"数字化改革"深化推进智慧党建工程中,要更加充分运用大数据手段,按照省委书记袁家军在中宣部举行的建党百年浙江专题新闻发布会上对科技与党建提出的新要求,"加强数字化思维、数字化认知、数字化技术在党建工作中的作用,积极运用大数据开展综合分析研判",从"把驾驭数字化改革的能力作为衡量干部学习能力、现代化能力的一个重要标准"的高度,对处室(单位)和党员"模范指数"进行完善。具体而言:第一,为"模范指数"的设定提供更加全面、翔实的党建和科技创新深度融合的大数据;第二,为"模范指数"标准线的划定提供更加科学、精准的测算方法和计量标准;第三,把现有"模范指数"作为总指数,在总指数之下设立几个分指数,在分指数中更加注重风向标指数,从而在智慧党建工程中更好地发挥党建与科技创新深度融合的示范性。

三是更加注重创新型功能,健全彰显党建与科技创新深度融合的体系优势。在数字化改革进程中,智慧党建工程要进一步突出平台理念、体验理念、赋能理念和迭代理念,要在更加注重创新性功能中建立更加符合"最多跑一次"改革理念和要求的完整的运行体系。第一,要突出支部建设智能化全链接。实现对基层党组织的动态跟踪和针对性管理,为综合分析、查缺补漏、及时预警,"倒逼"基层党组织建强堡垒提供数据支撑,不断提高其创造力、凝聚力、战斗力。第二,要突出宣传媒介数字化全集成。通过构建智慧党建网站、APP、党建二维码等形式,发挥网络集成融通功能和作用,进一步扩大党建工作的辐射力和影响力,牢牢把握话语权,形成积极向上的主流舆论。第三,要突出学习教育多样化全融通。发挥网络资源共享优势,整合网络学习资源,汇集各类音像视频资料及党建工作精品课件,让党建信息"随时可看、随时可读、随时可享",切实增强党员教育内容的丰富性、拓展性、多样性。第四,要突出党员管理全程数据化。在党员动态管理、发展党员、组织关系接转等基础工作智能化的基础上,对党员干部权力运行进行全程电子化纪实、处处留痕,并对干部监督实时防控,对其违纪违法可能性进行关联评估,实现"人在干、云在算、天在看"。第五,要突出党务工作全员公开化。依托互联网搭建党组织与党员、党员与党员、党员与群众之间良性互动的平台,营造党员主动参与党内事务、党组织充分了解党员思想动态、党员之间随时沟通交流、党群干群关系进一步密切的良好氛围,逐步建立健全决策权、执行权、监督权既相互制约又相互协调的权力结构和运行机制。第六,要突出服务群众全面一体化。运用大数据技术准确掌握党员群众的需求,将智慧政务、智慧管理、智慧服务、智慧公益和智慧电商等资源整合到智慧党建平台,更好地满足党员群众多样化、个性化的需求,更好地教育群众、组织群众、发动群众、服务群众。

7.3 突出新标准、新作为、新精神,以高质量党建引领高水平创新强省建设

一是把"严"的要求全面提升为"硬"的标准原则。首先,以"第一标准"对标对表。在做到绝对忠诚中坚持把习近平总书记关于科技创新的重要论述、指示批示作为学习的"第一议题",第一时间认真组织学习,并作为"第一标准"对标对表,更加突出学思践悟、融会贯通,更加突出习近平新时代中国特色社会主义思想重要萌发地的政治资源,更加突出发挥厅党组把方向、管大局、保落实的重要作用。其次,把不断提高政治判断

力、政治领悟力、政治执行力作为政治能力和实践本领的"第一指标"。全面增强政治定力、提升素质能力、激励担当作为、锻造"严""实"作风、凝心聚力推进"五大工程"，更新、扩展和细化15类56条清单，根据《"建设清廉机关、创建模范机关"考评管理办法(试行)》《省科技厅内部监督工作办法(试行)》里的各类指标，将政治理论学习、决策部署落实、党建职责强化、清廉科技建设、干事创业担当等，都量化、细化、实化、深化为全面提升政治能力和实践本领的"硬指标"。最后，把一切工作按政策办、按规矩办、按程序办作为"第一原则"。在切实扛起全面从严治党主体责任中不断拉高标杆，进一步提升政治素养、理论水平，做到在人情面前不错位、在友情面前不变味、在亲情面前不越位，守住为官做人底线，为科技自立自强支撑"重要窗口"和社会主义现代化先行省建设提供更加坚强的政治和思想保证。

二是把"实"的举措加快转化为"大"的作为担当。首先，强化系统谋划、整体布局和更大的创新主动权、发展主动权。牢固树立以人民为中心的发展思想，按照现代化经济体系和现代政府建设要求，以"两强三提高"(强谋划、强执行，提高行政质量、效率和政府公信力)为关键着力点，更加突出社会主义制度能够集中力量办大事中的真解决、真发展,更加突出打好关键核心技术攻坚战,更加突出加速科技成果向现实生产力转化中的目标导向,把创新主动权、发展主动权牢牢掌握在自己手中。其次,切实加快职能转变、动能强化、效能提升,打造新标杆、展示新形象。对内,要出成果、出经验,打造党建新标杆;对外,要多参与、多发声,展示党建新形象。对照党的十九届五中全会和省委十四届七次、八次全会提出的目标要求,按照省委对党员干部在党史学习教育中"做到'九学九新'、争当'四个排头兵'"的部署要求,结合"十四五"规划实施,在细化落实中把科技创新高质量发展作为关键一招,为交出创新高分报表提供强大科技支撑。最后,"为担当者担当,为负责者负责",以大担当创造更大作为。坚决扛起为党员干部担当负责的政治责任,以组织的大担当促进干部的大担当。锻造出善于大作为的高素质科技干部队伍,凝聚起引领科技创新高质量发展、推进科技创新治理现代化的强大动力。

三是把"活"的机制持续激发为"强"的精神力量。首先,激发围绕新期望、新目标、新定位的进取精神、责任精神、螺丝钉精神。按照习近平总书记赋予浙江"干在实处永无止境,走在前列要谋新篇,勇立潮头方显担当"的新期望和建设"重要

窗口"的新目标、新定位,在深化推进"大抓学习"中,更加突出
弘扬奋发有为的进取精神;在深化推进"广选干部"中,更加突
出弘扬奋力答卷的责任精神;在深化推进"善办实事"中,更加
突出弘扬专心实干的螺丝钉精神。其次,激发凸显红船味、浙
江味、科技味、新时代味的创新力量。在坚决扛起"三地一窗
口"的使命担当中,让党员干部更加充满生机活力,进一步加快
关键核心技术攻坚,进一步强化区域协同创新,进一步加快高
能级创新载体打造,进一步强化企业主体地位,进一步深化科
技体制改革,进一步统筹整合要素资源,进一步推进以党建引
领科技创新高质量发展,推进高水平创新型省份和科技强省建
设。最后,激发高质量党建的强大引领力、组织力、创造力、生
命力。厅党组作为思想中心、决策中心、指挥中心、政策中心、
资源中心、动力中心,带领全省科技系统党员干部,在求真实
干、创新攻坚、敢为人先的科技精神和大气谦和、兼收并蓄、团
结和谐、求真务实、开拓创新的科技文化里,强化高水平科技自
立自强,以高质量党建引领高水平创新强省建设;并按照浙江
省委十四届九次全体(扩大)会议的部署,更宽领域、更高层次
地转入创新驱动发展模式,加快实现高质量发展、竞争力提升,
支撑推进"重要窗口"、社会主义现代化先行省和共同富裕示范

区建设。

以高质量党建引领科技创新高质量发展、高水平创新强省建设,还可以用一张更具目标导向的示意图来直观表述(见图 1.7)。

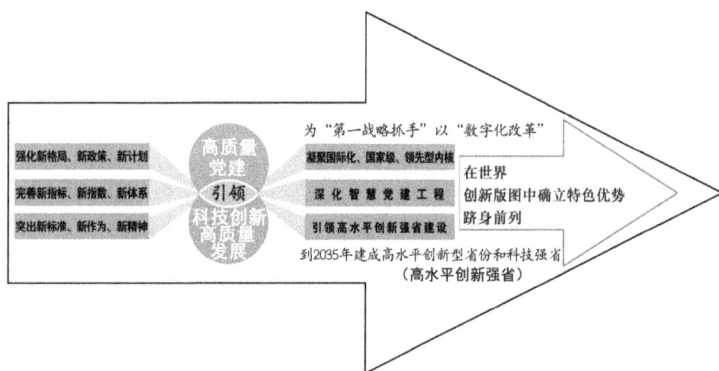

图1.7 以高质量党建引领科技创新高质量发展、
高水平创新强省建设目标导向示意图

Chapter 2

专题研究篇／关于新型举国体制[①]

　　党的十八大以来,习近平总书记多次强调要"发挥市场经济条件下新型举国体制优势,集中力量、协同攻关"。2021年5月28日,习近平总书记又在两院院士大会上强调,"科技攻关要坚持问题导向,奔着最紧急、最紧迫的问题去,从国家急迫需要和长远需求出发"。新型举国体制已成为依靠国家政治力量和行政资源,以创新资源高效配置实现高水平科技自立自强,

---

① 本文系项目研究成果在"以新型举国体制加强关键核心技术攻关"专题上的应用,原标题为《党建引领以新型举国体制加强关键核心技术攻关的路径与举措研究》。本章提出,政治统领、党建引领,部署实施把党的全面领导贯穿关键核心技术攻关工作全过程的新方案、新政策、新计划,以领导有力、协调高效来实现高水平科技自立自强,是新型举国体制"浙江实践取得明显进展"的根本路径。

进而实现国家发展和国家安全最高目标的重要法宝。

《中共浙江省委关于建设高素质强大人才队伍 打造高水平创新型省份的决定》提出，"探索落实社会主义市场经济条件下关键核心技术攻关新型举国体制的浙江路径，强化政府组织推动、产业链协同、龙头企业牵引和市场化运行，推动创新资源进一步聚焦重点领域、重点项目、重点单位"，"社会主义市场经济条件下关键核心技术攻关新型举国体制的浙江实践取得明显进展"。那么，在浙江，科技系统如何才能发挥市场经济条件下新型举国体制优势以加强关键核心技术攻关？显然，坚持政治统领是首要前提。

1 政治统领，发挥新型举国体制三大优势

举国体制是指国家能够有效组织动员全国力量实现国家发展和安全保障特定目标的体制机制安排，其主要特征是依靠国家政治力量和行政资源。党的十九届四中全会提出，要"构建社会主义市场经济条件下关键核心技术攻关新型举国体制"。中共中央政治局常务委员会于 2020 年 5 月 14 日召开会议时再次指出，"要发挥新型举国体制优势，加强科技

创新和技术攻关,强化关键环节、关键领域、关键产品保障能力"。实践证明,只有坚持政治统领,才能发挥新型举国体制三大"新"优势。

1.1 发挥国家政治力量和行政资源的强国战略优势

中华人民共和国成立之初,坚持政治统领,举国体制助推科技快速发展,取得"两弹一星"等重大成就,形成名副其实的依靠国家政治力量和行政资源的强国战略优势。此后,党的十六大从全面建设小康社会、加快推进社会主义现代化建设的全局出发,要求国务院制定《国家中长期科学和技术发展规划纲要(2006—2020年)》,聚焦国家重大战略需求,探索新型举国体制,攻克了许多技术难题,培养了一批科技领军人才。而从党的十九届四中全会提出要"构建社会主义市场经济条件下关键核心技术攻关新型举国体制",到中共中央政治局常务委员会会议再次指出"要发挥新型举国体制优势",再到党的十九届五中全会从"强化国家战略科技力量""制定科技强国行动纲要""打好关键核心技术攻坚战,提高创新链整体效能"的高度,提出"健全社会主义市场经济条件下新型举国体制",都表明新型举国体制及其强化的"国家战略科技力量"的第一优势和核心优势,就是政治优势,而第一力量和核心力量,就是政治统领的国家力量。

1.2 发挥集中力量办大事的制度创新优势

面对当前科技安全、经济安全、社会安全等重要领域的重大风险,亟须防范化解的国内外形势,中央再三提到新型举国体制,意在探索建立适合我国转型期科技创新的制度安排,探寻适合我国特定时期的科技发展模式,寻求更高效的科技创新组织方式,发挥社会主义集中力量办大事的制度创新优势。为此,党的十九届五中全会审议通过的《中共中央关于制定国民经济和社会发展第十四个五年规划和二〇三五年远景目标的建议》,将科技创新摆在各项规划任务的首位,进行专章部署,以制度创新为引领,将集中力量办大事的制度优势,转变为助力重大科技创新和科技自立自强,有效保障国家科技安全、经济安全、社会安全的"集中力量办成大事"的新发展和核心竞争力优势。

1.3 发挥自立自强协同攻关的策源引领优势

新型举国体制的"新"还体现为以下几个方面:首先是新形势;新型举国体制在相对开放环境下,通过有效整合国内外创新资源完成战略目标,以现代化重大科技计划和创新工程聚焦国家战略制高点,着力提升我国综合竞争力、保障实现国家安全,因此更加注重发挥自立自强、自主可控的优势。其次是新环境;新型举国体制是在市场化环境下,动员政府、企业、社会等各方力量,将市场机制和政府作用有机结合,实现政产学研之间的协同共振,它并不适用于所有科技领域,只适用于主要涉及国家安全的关键核心技术领域,因此更加注重发挥"揭榜挂帅"和首席科学家领衔等新型组织优势。最后是新阶段;我国科技创新进入跟跑、并跑、领跑"三跑并存"的新阶段,新型举国体制更加注重创新策源能力建设,更加注重发挥突破性、原创性、引领性优势。

2 党建引领,夯实浙江发挥新型举国体制优势的三大基础

在以党建引领科技创新支撑浙江率先迈入创新型省份行列的进程中,厅党组找准机关党建的定位,找准党建与科技创新的结合点,找准党建引领的着力点,已取得三方面的关键性成效——持续性引领、系统性赋能、整体性跃升,为发挥新型举国体制优势、加强关键核心技术攻关夯实了基础。

2.1 找准"政治机关"的职责定位,以持续性引领,夯实政治基础

厅党组深入学习贯彻习近平总书记在中央和国家机关党的建设工作会议上的重要讲话精神,牢记科技部门首先是"政治机关"。

一是确保了科技管理部门作为政治机关的鲜明本色。坚持党建和业务工作一起谋划、一起部署、一起落实、一起检查的共融共通、相互促进。二是确保了科技管理部门机关党建的率先示范作用。围绕中央和省委省政府决策部署,把政治优势、组织优势转化为以科技自立自强支撑"重要窗口"和社会主义现代化先行省建设的政策优势、成果优势。三是确保了科技管理部门机关党建充满活力。以始终充满生机活力的机关党建为引领,努力做到省委书记袁家军要求的聚力科技创新、催生新动能;依靠创新驱动、技术进步、高素质人才激发强大内生动力;形成"人人讲创新、处处有创新、时时在创新"的生动局面。

2.2 找准"组织力"的关键结合点,以系统性赋能,夯实组织基础

找准组织力与业务工作的关键结合点,以系统性赋能,彰显党建引领,充分发挥凝聚力、战斗力、创造力的组织优势。

一是结合"严"的要求与指标,确保组织力先进。厅党组通过"建设清廉机关、创建模范机关"暨"凝聚创新力量,展现科技新姿"为主题的"双建"载体构建与运行,把"严"的要求分类细化为"双建"考评指标,形成了党建与业务工作深度融合的"双闭环"提升促进机制,被评为省机关党建最佳创新成果。二是结合"实"的举措与成效,确保组织力强大。通过实施"五大工程""科技新政",建设"科技大脑",建立领导责任体系,增强了"双建"实效与履职本领,提高了创新链整体效能。"科技服务一指办"列入省党史学习教育专题实践"数智赋能提效行动","浙里扣""浙科贷"在"浙里办"上线试运行,企业财务核算时间从 3 天缩减至 10 分钟,为企业授信贷款近 100 亿元。三是结合"活"的机制与优势,确保组织力富有生命力。厅党组专门研究制订了《党组理论学习中心组和处级干部理论培训计划》,并在推动落实中形成长效机制,同时,不断完善选才用人机制、统筹协调机制、联动考评机制、全员实干机制,激发了广大党员干部敢于担当、善于作为的"精气神"。

2.3 找准"完整体系"的突破着力点,以整体性跃升,夯实新发展基础

从省委省政府高规格召开全省科技创新大会,到省第十四次党代会提出"四个强省"的工作导向,以超常规力度出台"科技新政50条",再到2020年省委把人才强省、创新强省作为首位战略,党对科技创新工作的全面领导已构建起一套从理念到战略再到行动的完整体系,党建引领科技创新迎来整体性跃升,为"进入新发展阶段、贯彻新发展理念、构建新发展格局"夯实了基础。

一是科技创新综合实力跃上新台阶,实现了2006年时任省委书记习近平提出的"到2020年成为创新型省份,基本建成科技强省"的战略目标。党建引领科技创新支撑浙江率先迈入创新型省份行列。二是支撑经济社会高质量发展取得新成就。全力推动"互联网+"、生命健康、新材料三大科创高地建设成为提升自主创新能力、实现科技自立自强的发展突破点,持续推进超过2.2万家高新技术企业、超过6.9万家科技型中小企业在支撑浙江经济社会高质量发展中取得新成就。三是体制机制与创新创业形成新生态。深化市县全面创新改革试点,获批建设全国唯一的全省域国家科技成果转移转化示范区,在全国率先推行"创新券"制度,解放和激发科技"第一生产力"所蕴藏的巨大潜能,进一步优化创新创业生态系统,科技创新两项工作连续两年同时获国务院督查激励。

3 党建引领以新型举国体制加强关键核心技术攻关的路径研究

当前,新一轮科技革命和产业变革深入发展,浙江如何发挥新型举国体制优势,做到习近平总书记在两院院士大会上强调的"加强原创性、引领性科技攻关,坚决打赢关键核心技术攻坚战","实现高水平科技自立自强"? 强化党建引领,着力部署实施把党的全面领导贯穿关键核心技术攻关工作全过程的新方案、新政策、新计划,以领导有力、协调高效来实现高水平科技自立自强,是新型举国体制"浙江实践取得明显进展"的根本路径。

3.1 把党的全面领导贯穿新方案谋划制定、按需攻关全过程

党的十九届五中全会历史性地提出,坚持创新在我国现代化建设全局中的核心地位,把科技自立自强作为国家发展的战略支撑。因此,强化党建引领,就是要在发挥新型举国体制优势的战略部署里,把党的全面领导贯穿关键核心技术攻关新方案谋划制定、按需攻关的全过程。

一是在顶尖科技人才等高水平创新人才队伍建设、体制机制改革、重大平台打造、创新主体培育等聚焦聚力关键核心技术攻关的新方案实施中,领导有力、协调高效,不断取得突破性

进展;二是在重大科学装置群、新型实验室体系、区域性创新平台体系、企业技术创新体系等聚焦聚力关键核心技术攻关的新方案实施中,领导有力、协调高效,不断取得体系性实效;三是在迭代绘制数字安防、集成电路、生物医药、炼化一体化与新材料等产业创新链"五色图",按照"急用先行"的原则梳理出各类"卡脖子"风险点的基础上,领导有力、协调高效,加速形成一系列"以应用研究倒逼基础研究""以基础研究引领应用研究"的实战型"浙江方案",坚决打赢关键核心技术攻坚战。

3.2 把党的全面领导贯穿新政策制定出台实施、落地落实落细全过程

新政策的制定出台实施,是强化党建引领的有力抓手、有效路径。因此,强化党建引领,就是要在发挥新型举国体制优势的新发展阶段,把党的全面领导贯穿关键核心技术攻关新政策制定出台实施、落地落实落细的全过程。

一是在全面实施《中共浙江省委关于建设高素质强大人才队伍 打造高水平创新型省份的决定》《浙江省人民政府关于全面加快科技创新推动高质量发展的若干意见》《中共浙江省委关于制定浙江省国民经济和社会发展第十四个五年规划和二〇三五年远景目标的建议》和《浙江省科技创新发展

"十四五"规划》中，领导有力、协调高效，重点实施上述政策有关关键核心技术攻关条款的内容和细则；二是在贯彻落实国务院印发的《新时期促进集成电路产业和软件产业高质量发展若干政策》等一系列关键核心技术攻关专项政策中，领导有力、协调高效，结合浙江需求和优势，及时出台实施配套落地政策，力争成为专项冠军；三是在不断扩大关键核心技术攻关新政策的覆盖面中，领导有力、协调高效，既为院士、首席科学家领衔攻关提供"一事一议一策"的定制式政策服务，又推动组织管理方式从"揭榜挂帅""赛马制"扩展到"悬赏制""立军令状""滚动立项"等更多选择，激励更多科技领军人才"挂帅出征"，让更多英雄有用武之地。

3.3 把党的全面领导贯穿新的重大科技计划和创新工程实施全过程

新计划的实施，将为强化党建引领提供更加具体的载体、平台。因此，强化党建引领，就是要在发挥新型举国体制优势的目标导向里，把党的全面领导贯穿新的重大科技计划和创新工程的实施全过程。

一是在实施"鲲鹏行动"等新计划和"千人计划""万人计划""151"等人才工程聚焦聚力关键核心技术攻关的全过程中，

领导有力、协调高效,加快建设全球人才蓄水池,大力引进并充分发挥国际一流的战略科技人才、科技领军人才和高水平创新团队的攻关作用;二是在实施尖峰、尖兵、领雁、领航等新计划和产业关键核心技术攻坚工程的全过程中,领导有力、协调高效,集成力量做优、做强数字经济、生物医药、新材料等战略性新兴产业、未来产业,勇闯创新"无人区",加快建设创新策源地;三是在与国家有关部委联合组织实施人工智能、工业互联网、新药创制、传染病防治等国家科技重大专项的全过程中,领导有力、协调高效,全面对接国家战略,加强战略性、前瞻性基础研究,不断突破制约发展的关键核心技术。

4 党建引领以新型举国体制加强关键核心技术攻关的举措研究

强化党建引领,就必须准确把握以新型举国体制加强关键核心技术攻关面临的新形势、新任务,尤其是浙江省委十四届八次全会将"着力建设三大科创高地"作为"十四五"发展"十三项战略抓手"的"第一抓手"后,关键核心技术攻关成为其名副其实的"第一抓手"的战略支撑。主要举措有如下三方面。

4.1 为"第一抓手"凝聚"超强内核",在关键核心技术攻关中推进持续性引领

厅党组不仅成为全省科技创新和关键核心技术攻关工作的思想中心、决策中心、指挥中心、政策中心、资源中心、动力中心,也将成为"第一抓手"名副其实的"超强内核"。

一是在深刻认识大变局大变革中,凝聚"国际化内核"。在科技创新成为影响国际格局的重要因素,中美关系、全球疫情、世界经济复苏等存在不确定性的大变局、大变革中,深刻认识十九届五中全会指出的"我国发展仍然处于重要战略机遇期,但机遇和挑战都有新的发展变化"的重大论断;深刻认识在科技创新发展中抢占先机,才是我们赢得主动、塑造优势的关键所在;深刻认识我们科学应对、及早部署,下好先手棋、打好主动仗的重大、深远意义,从而积极融入全球创新网络,有效整合国内外创新资源,深入推广"揭榜挂帅"等攻关组织管理模式,精准实施"双尖双领"等重大攻关专项,聚力打好关键核心技术攻坚战,持续提升自立自强的创新策源能力,不断取得自主可控的标志性成果,全面提高创新链整体效能。

二是在纵深推进战略部署与政策创新中,凝聚"国家级内核"。强化党建引领,就必须按照党中央国务院的决策部署来纵

深推进关键核心技术攻关的战略部署和政策创新,最大限度地释放政策红利。就必须在战略部署与顶层设计中,更加突出"核心地位";在政策创新与机制设定中,更加突出"第一动力";在资源配置与指标设立中,更加突出"良好环境和坚实基础"——浙江要充分用好并发挥我国综合国力迈上新台阶,经济实力大幅跃升,已成为具有重要国际影响力的科技大国(创新能力世界排名从第29位跃升至第14位,人均GDP突破1万美元,中等收入群体超过4亿人)的国家级优势;充分用好并发挥长三角一体化发展国家战略里的跨区域科技创新共同体的环境与基础优势。

三是在精准实施重大科技计划与创新工程中,凝聚"领先型内核"。强化党建引领,就必须根据新一轮科技革命呈现智能主导、深度融合、多点突破的态势,聚集聚力关键核心技术攻关,精准实施好重大科技计划和创新工程。在量子信息、脑科学等前沿领域精准实施重大计划和工程,在5G、人工智能等新一代信息技术领域加快攻关突破;在健康科技的前沿领域精准实施重大计划和工程,在疫苗研发、疾病防控等生物医学领域加快攻关突破;在碳中和目标倒逼能源革命和发展方式的绿色转型中精准实施重大计划和工程,在碳捕捉、碳封存、零碳电力、储能、节能以及太阳能、氢能等新能源领域加快攻关突破;

在数据驱动和场景驱动的数字化改革领域精准实施重大计划和工程,在新技术、新产品、新赛道、新业态上加快攻关突破。

4.2 以"数字化改革"深化智慧党建工程,在关键核心技术攻关中推进系统性赋能

把以新型举国体制加强关键核心技术攻关工作融入全省数字化改革新进程,全面落实省委书记袁家军在中宣部举行的建党百年浙江专题新闻发布会上对科技与党建提出的新要求,推进组织的系统性赋能。

一是更加注重动态性指标,突出提升党建引领的技术内涵。在集成智慧党建、智慧监督功能的"双建"智慧系统基础上,要实时采集更加全面、翔实的党建大数据和"科技大脑"里的业务大数据,充分运用大数据和云计算技术,聚焦聚力关键核心技术攻关工作,对考评指标里的基础项、评议项指标内容进行更加科学的动态化更新和完善;每年由智慧党建系统自动生成注重关键核心技术攻关工作的新指标,作为厅系统党建工作年度考评的重要依据。

二是更加注重风向标指数,精准强化党建引领的目标导向。要按照省委书记袁家军要求的"加强数字化思维、数字化认知、数字化技术在党建工作中的作用,积极运用大数据开展

综合分析研判"，"把驾驭数字化改革的能力作为衡量干部学习能力、现代化能力的一个重要标准"。把"双建"工作载体中现有的"模范指数"作为总指数，在总指数之下设立分指数，在分指数中注重聚焦聚力关键核心技术攻关的风向标指数，从而在新型举国体制浙江实践中更加突出党建引领的系统性示范。

三是更加注重创新型功能，健全彰显党建引领的策源优势。智慧党建工程要融合发挥关键核心技术攻关的策源引领优势，进一步突出平台理念、体验理念、赋能理念、迭代理念，在更加注重创新型功能中建立符合"最多跑一次"的改革理念和最新标准的一流运行体系。要结合数字化改革新要求和关键核心技术攻关工作安排，运用二维码技术研发推出"红色党建码"：以"码上建"突出支部建设智能化全链接，"码上学"突出学习教育移动化全融通，"码上管"突出党员管理全程数据化，"码上办"突出攻关服务全面数字化。

4.3 以高质量党建引领高水平创新强省建设，在关键核心技术攻关中推进整体性跃升

要在聚焦聚力关键核心技术攻关，努力做到厅党组书记何杏仁在全国科技管理系统党建工作交流座谈会上提出的"以高质量党建引领高水平创新强省建设"中，实现高水平科技自立

自强,推进浙江经济社会高质量发展、整体性跃升。

一是把"严"的要求全面提升为"硬"的标准原则。在做到绝对忠诚中坚持把习近平总书记关于科技创新特别是关于新型举国体制的重要论述、指示批示作为学习的"第一议题",第一时间认真组织学习,并作为"第一标准"对标对表,更加突出学思践悟、融会贯通,更加突出习近平新时代中国特色社会主义思想重要萌发地的政治资源,更加突出发挥厅党组把方向、管大局、保落实的重要作用;把不断提高政治判断力、政治领悟力、政治执行力作为政治能力和实践本领的"第一指标"。为推进省科技领导小组升格为科技强省建设领导小组并实体化运作,组建"全球视野"的省科技咨询委员会并服务于关键核心技术攻关的重大战略决策,提供更加坚强的政治和思想保证。

二是把"实"的举措加快转化为"大"的作为担当。按照省委对党员干部在党史学习教育中"做到'九学九新'、争当'四个排头兵'"的部署要求,结合"十四五"规划实施,把以新型举国体制加强关键核心技术攻关作为关键一招,在更加突出社会主义制度集中力量办大事的真解决、真发展中,加快打造党建新标杆,展示党建新形象。在构建以"科技大脑＋未来实验室"为核心、以"资源一体化配置"为主线、以标志性成果为导向、以关键核心技术攻关为切入口、以"科创研值"为支撑的"1+5+N"系统化科技创新整体智治体系,推动科技治理流程再造、制度重塑中,加快锻造善于大作为的高素质科技干部队伍。

三是把"活"的机制持续激发为"强"的精神力量。以高质量党建引领,发挥政府作为重大科技创新组织者的作用,强化政府组织推动、产业链协同、龙头企业牵引和市场化运行,建立让项目、基地、人才、资金、数据等创新资源跟着平台载体走、向顶尖人才集聚的一体化高效配置机制,充分激发全社会聚焦聚力关键核心技术攻关的创新活力。在率先探索形成领导有力、协调高效的社会主义市场经济条件下新型举国体制的浙江路径中,把"活"的机制持续激发为奋发有为的进取精神、奋力答卷的责任精神、专心实干的螺丝钉精神;持续激发为凸显红船味、浙江味、科技味、新时代味的强大创新力量,并转化为不断提升的创新策源能力,在新发展格局中实现高水平科技自立自强,确保到2035年"建成高水平创新型省份和科技强省,在世界创新版图中确立特色优势、跻身前列"。

Chapter 3

实践推进篇／科技党建成果与案例[①]

1 "双建"工作获省机关党建最佳创新成果

1.1 浙江省科技厅召开"建设清廉机关、创建模范机关"活动推进会[②]

5 月 10 日,浙江省科技厅召开"建设清廉机关、创建模范

---

① 在研究项目实施和总报告撰写过程中,先后学习参考了 100 余篇政策文件、总结报告、调研文章以及公开发表的相关资讯报道,具体包括《中共中央关于加强党的政治建设的意见》《习近平在中央和国家机关党的建设工作会议上的讲话》《浙江省人民政府关于全面加快科技创新推动高质量发展的若干意见》《浙江:全面实施科技新政 加快打造创新强省》《中共浙江省委关于建设高素质强大人才队伍 打造高水平创新型省份的决定》,以及省委书记袁家军在浙江省委十四届八次全体(扩大)会议上的讲话,浙江省科学技术厅党组书记何杏仁、厅长高鹰忠在 2020 年、2021 年全省科技工作会议等重要会议上的讲话等,现编发与报告紧密关联的部分公开发表的文献,以及项目组成员的研究笔记、参与撰写的总结材料和部分案例,作为佐证材料。

② 原标题为《凝聚创新力量 展现科技新姿 浙江省科技厅召开"建设清廉机关、创建模范机关"活动推进会》,转载自中华人民共和国科学技术部网站 http://www.most.gov.cn/zxgz/jgdj/gzjl/201905/t20190523_146814.html.

机关"活动暨"凝聚创新力量,展现科技新姿"主题活动推进会。厅党组书记何杏仁讲话,厅党组副书记、副厅长宋志恒主持会议并做工作部署,厅领导曹新安、叶翠萍,全体机关干部、厅属单位班子成员、代管单位分管领导和驻省财政厅纪检监察组负责人参加会议。

会议指出,开展"建设清廉机关、创建模范机关"活动暨"凝聚创新力量,展现科技新姿"主题活动很有意义、十分重要,既是贯彻落实中央和省委决策部署的实际行动,也是全面加强党的领导、推进厅系统政治建设,更好地以"超常规""奋起直追"姿态推进科技创新高质量发展,有效解决干部队伍存在的问题、加强自身建设的重要举措。厅系统要深刻理解开展"双建"活动的重要意义,进一步增强思想自觉和行动自觉。

会议强调,要准确把握此次活动的总体要求,务求取得实效,并提出了 5 个方面的要求。

一要把政治建设摆在首位,坚决做到"两个维护"。决不能只把坚决做到"两个维护"落在口上、写在纸上,而是要自觉刻在脑中、印在心里、落实在行动上。努力建设"忠诚、担当、务实、清廉"的科技干部队伍,要把对党忠诚、对人民忠诚放在第一位,严守党的政治纪律和政治规矩,切实防止"七个有之",做到"五个必须",

着力营造风清气正的良好政治生态。

二要不断强化理论武装，筑牢理想信念之基。习近平总书记强调，政治上的坚定源于理论上的清醒。我们要始终把学习贯彻习近平新时代中国特色社会主义思想作为首要政治任务，坚持读原著、学原文、悟原理，以习近平新时代中国特色社会主义思想武装头脑，在实践中不断坚定跟党走的理想信念。

三要营造干事创业的浓厚氛围，激励干部担当作为。要旗帜鲜明地树立干事创业的正确导向，进一步优化人员配置，合理推进内部轮岗，使想担当、善担当的干部能作为、有地位。要大力营造团结奋进的机关文化，坚持民主集中制，善于和敢于开展批评和自我批评，鼓励讲真话、讲实话，少扯皮、少推诿，多补台、多添砖加瓦，共同营造干事创业的浓厚氛围。

四要着力提升素质和能力，努力争先进位、走在前列。要把提升能力素质作为展现科技新姿、争先进位、走在前列的基础性工程来抓，进一步对标先进、拉高标杆，提高标准、奋起直追，拿出更多的硬招、实招，推出更精准的政策、举措，力争各项工作走在全省乃至全国前列。

五要在建设清廉机关上实现"反腐倡廉无盲区"。要认真落实推进厅系统清廉建设的实施办法，进一步深化、细化工作重点,落实责任。要在纪律规矩的约束下深化科技管理体制改革,既要在减少申报材料、申报内容、评审时间等量的方面狠下功夫,也要在流程再造等质的方面积极探索。要注重政德修养,真正做到明大德、守公德、严私德。

会前,厅系统处级以上领导干部集中观看了专题警示教育片《以案为鉴 警钟长鸣》。会上,厅办公室、人事处、高新处负责人做了表态发言。

1.2 浙江省科技厅"双建"工作获省机关党建最佳创新成果 ①

近日,浙江省直机关工委举办第九轮全省机关党建工作创新成果展示交流活动和颁奖仪式,经过前期案例初选和本次展示评分,省科技厅"建设清廉机关、创建模范机关"暨"凝聚创新力量,展现科技新姿"工作从全省140余个参赛案例中脱颖而出,荣获第9轮全省机关党建工作最佳创新成果,在省直单位中排名第3。

自2019年以来,省科技厅党组全面贯彻落实习近平总书记关于机关党建和科技创新的重要论述精神,按照"建设清廉机关、创建模范机关"的部署要求,结合工作实际,设计以"凝

---

① 转载自《今日科技》杂志2020年第11期,作者:袁玲玲、陈国正。

聚创新力量,展现科技新姿"为主题的"双建"工作载体,进一步引导厅系统广大党员干部在全省建设"重要窗口"、打造高水平创新型省份的新征程中展现科技担当、干出创新成绩。省科技厅先后获得2019年度省直机关党建考核优秀、省直机关党建理论研究成果一等奖、全省组织系统二类优秀调研成果等荣誉,省科技厅"双建"工作在科技部等部门主办的座谈会上做了典型经验发言。

一是抓牢"双建"责任,做到组织有保障。厅党组把"双建"作为强化党建引领的重要载体,以高度的政治责任感扛起"双建"工作的使命担当。坚持把习近平总书记重要论述、指示批示作为厅党组学习的"第一议题",第一时间组织学习,并作为"第一标准"对标对表,牢牢把握"双建"工作方向。

二是抓实"双建"任务,做到推进有载体。坚持党建和业务相互融合,设计以"凝聚创新力量,展现科技新姿"为主题的"双建"工作载体,形成15类56项任务清单,使"双建"成为推动科技创新发展的"红色引擎"。

三是抓细"双建"指标,做到考评有标准。按照"一年打基础、两年抓提升、三年上台阶"的思路,率先制定并实施《"建设清廉机关、创建模范机关"考评管理办法(试行)》及指标体系,通过综合评比和量化打分评出每个基层党组织和党员的"双建"模范指数,作为年度党组织和党员考核评价的重要依据。

四是抓深"双建"平台,做到管理有系统。按照"互联网+党建"理念,构建了集成智慧党建、智慧监督功能的"双建"智慧系统,实现党建基础工作管理、科技廉政风险防控"云监控",着力把"双建"系统打造成为落实"最多跑一次"改革和推进政府数字化转型的重要平台。

1.3 图说全省机关党建最佳创新成果——浙江省科技厅"双建"工作载体①

"坚持党建和业务深度融合",是习近平总书记在中央和国家机关党的建设工作会议上指出的"总结实践,主要有6条重要经验"的其中之一,也是新时代党的政治建设的核心要义之一。在科技领域,浙江省科技厅以"双建"工作载体推进党建和科技创新深度融合的创新实践,于2020年10月荣获全省机关党建最佳创新成果。

(1)"双建"工作载体是顶层设计、整体谋划的成果

通过研究学习浙江省科技厅直属机关党委发表在《浙江省直机关党建》2020年第2期上的文章《建设清廉机关 创建模

---

① 本文为项目研究过程中形成的笔记。

范机关 以高质量党建引领高水平创新强省建设》后,我们得出的结论是——“双建”工作载体是加强顶层设计、注重整体谋划的成果。

浙江省科技厅站在浙江“三个地”（中国革命红船起航地、改革开放先行地、习近平新时代中国特色社会主义思想重要萌发地）的政治高度,深刻领会习近平总书记关于创建模范机关的重要指示精神,结合浙江省委关于清廉浙江建设的部署要求,以建设清廉机关、创建模范机关为总抓手,精心设计了以“凝聚创新力量,展现科技新姿”为主题的“双建”工作载体。

重点实施政治定力强化、素质能力提升、担当作为激励、“严”“实”作风锻造、凝心聚力推进“五大工程”,率先在省直部门研究制订《“建设清廉机关、创建模范机关”考评管理办法(试行)》及指标体系,明确“一年打基础、两年抓提高、三年上台阶”的总体思路。围绕“五个模范”,建立 15 类 56 条落实清单,通过开展线下督查评价、线上检查分析、适时通报公开等途径,有条不紊地推进“双建”工作。

(2)“双建”工作载体坚持两大导向,抓出四大特色

浙江省科技厅“建设清廉机关、创建模范机关”暨“凝聚创新力量,展现科技新姿”工作坚持两大导向,抓出四大特色,荣获第 9

轮全省机关党建工作最佳创新成果,在省直单位中排名第3。浙江日报报业集团"浙江新闻"、《今日科技》杂志等都进行了报道。

坚持两大导向。一是坚持目标导向,突出"双建"重点。以提升组织力为重点夯实组织基础,以深化"三服务"为载体持续改进作风,以智慧监督为手段强化清廉科技建设。二是坚持效果导向,推动"双建"成果转化。始终坚持围绕中心抓党建、抓好党建促发展,把建设清廉机关、创建模范机关与业务工作协调推进,使"双建"成为推动科技创新发展的"红色引擎"。进一步完善科技创新管理体系,进一步提升干部队伍能力素质,进一步彰显科技创新工作绩效,国家级创新平台建设、科技特派员工作、高层次科技人才引育、高能级创新载体建设均取得新突破。

抓出四大特色。一是抓牢"双建"责任,做到组织有保障。厅党组把"双建"作为强化党建引领的重要载体,以高度的政治责任感扛起"双建"工作的使命担当。坚持把习近平总书记重要论述、指示批示作为厅党组学习的"第一议题",第一时间组织学习,并作为"第一标准"对标对表,牢牢把握"双建"工作方向。二是抓实"双建"任务,做到推进有载体。坚持党建和业务相互融合,使"双建"成为推动科技创新发展的"红色引擎"。三是抓细"双建"指标,做到考评有标准。通过综合评比和量化打分评出每个基层党组织和党员的"双建"模范指数,作为年度党组织和党员考核评价的重要依据。四是抓深"双建"平台,做到管理有系统。按照"互联网＋党建"理念,构建了集成智慧党建、智慧监督功能的"双建"智慧系统,实现党建基础工作管理、科技廉政风险防控"云监控",着力把"双建"系统打造成为落实"最多跑一次"改革和推进政府数字化转型的重要平台。

(3)图说科技党建"双建"载体的要素、内核与框架体系

从四大特色中分析,"双建"工作载体有"责任、任务、指标、平台"四要素。从《"建设清廉机关、创建模范机关"考评管理办法(试行)》及指标体系中分析,"双建"工作载体有"处室(单位)、党员"二主体。那么,内核在哪里? 内核是什么?

除了责任、任务、指标、平台 4 个要素,"双建"工作载体还应该有一个强大的内核,没有强大的内核,再多的要素也发挥不了作用。这个内核就是作为党委政府机关的省科技厅党组和厅领导班子,也就是坚持目标导向、效果导向,推进党建和科技创新深度融合,以党建引领科技创新高质量发展的思想中心、决策中心、指挥中心、政策中心、资源中心、动力中心。

"双建"载体框架体系如图 3.1 所示。

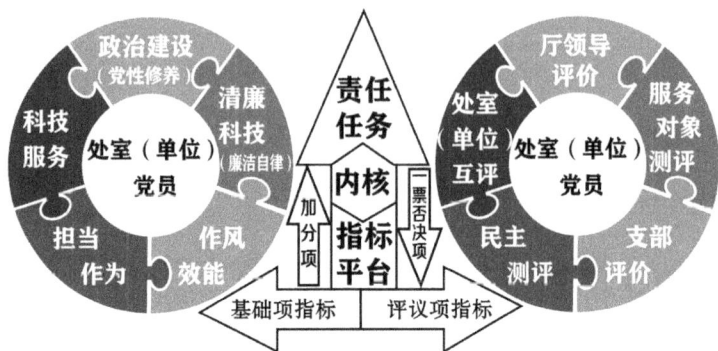

图 3.1 "双建"载体四要素、一内核、二主体框架体系
与"双闭环"考评运行体系示意图

在图 3.1 中往上的大箭头线框内,标注的是 4 个要素和 1
个内核,这是"双建"载体的关键所在;左右两边的圆心处,标
注的是考核的对象主体,即处室(单位)和党员;圆心的外围标
注的是具体的考核指标的类别,左边的是基础项指标的类别
(在往左的箭头线框中标注"基础项指标"),右边的是评议项指
标的类别(在往右的箭头线框中标注"评议项指标");在大箭
头线框外还有往上的小箭头线框,标注"加分项",往下的小箭
头线框,标注"一票否决项"。

(4)科技党建"双建"载体的"双闭环"考评体系

关于考评指标,图 3.1 中左边的圆圈外环代表的是,处室
(单位)考评的政治建设、科技服务、担当作为、作风效能、清廉

科技 5 个基础项一级指标；党员考评的党性修养、科技服务、担当作为、作风效能、廉洁自律 5 个基础项一级指标。在图示中，这两个主体的 5 个指标是叠合在一起的。

关于评议项指标，右边的圆圈外环代表的是，处室（单位）考评的厅领导评价、处室（单位）互评和服务对象测评 3 个评议项一级指标；党员考评的民主测评和支部评价两个评议项一级指标。在图示中，这两个主体的 5 个指标是拼合在一起的。

分类细化的"双建"考评指标，形成了党建与业务工作深度融合的"双闭环"。处室（单位）考评除了 5 个基础项指标，还有 3 个评议项指标——处室（单位）指标总分 1000 分，包括基础项（800 分）、评议项（200 分）两类指标，另设加分项（最高100 分）、一票否决项。党员考评除了 5 个基础项指标，还有两个评议项指标——党员指标总分为 100 分，包括基础项（40 分）、评议项（60 分）两类指标，另设一票否决项。按照党建与业务工作深度融合的要求，厅机关党委每年公布年度"双建"创建任务指标，以及处室（单位）和党员"模范指数"标准线，从而构建了党建与科技创新深度融合的"双闭环"运行体系（见图3.1）。

（5）图说"双建"工作载体的意义

"建设清廉机关、创建模范机关"工作自 2018 年部署以来，已成为全省机关党建工作的重大创新载体,是浙江省不断加强党的全面领导的一项政治建设系统工程。

用一张图来说明"双建"工作载体,一是有利于党政一把手对"双建"工作了然于胸,更能抓住重点、抓出成效;二是有利于广大党务工作者从繁杂的事务、材料、报表、汇报中解放出来,更能理清思路、干出特色;三是有利于全体党员对"双建"工作有一个全面、清晰、深刻的认识,更加主动积极地参与其中;四是有利于以创造性张力推动机关党建高质量提升,涵养善作善成、富有特色的党建文化。

如果每个系统的"双建"工作都能够用一张图画出来,那么"双建"百图就会成为忠实践行"八八战略"、奋力打造"重要窗口"进程中的浙江党建新气象、新文化、新画卷、新美景。

2 党建引领科技创新展现新担当

2.1 浙江省科技厅成立疫情防控科研攻关党员服务先锋队[①]

厅机关各支部、各厅属单位党组织:

[①] 原标题为《中共浙江省科学技术厅党组关于成立省科技厅疫情防控科研攻关党员服务先锋队的通知》,摘编自浙江省人民政府网站 http://www.zj.gov.cn/art/2020/2/6/art_1229461258_59062564.html?type=2.

为深入贯彻落实习近平总书记对疫情防控工作的重要指示批示精神,充分发挥党组织战斗堡垒作用和党员先锋模范作用,厅党组决定从厅系统抽调骨干党员干部,组成疫情防控科研攻关党员服务先锋队,重点服务保障我省疫情防控应急科研攻关,为打赢疫情防控阻击战提供强大的科技支撑和智力支持。现就有关事项通知如下。

(1)党员服务先锋队组成

我厅成立 5 支疫情防控科研攻关党员服务先锋队,每支先锋队由 3—5 名党员干部组成。先锋一队由鲁文革任队长,法规处党支部、合作处党支部、宣教中心党总支抽调骨干党员参加;先锋二队由姚礼敏任队长,规划处党支部、监督处党支部、项目中心党总支抽调骨干党员参加;先锋三队由夏昶祺任队长,基础处党支部、外专局党支部、交流中心党支部抽调骨干党员参加;先锋四队由施冬材任队长,高新处党支部、信息院党委抽调骨干党员参加;先锋五队由齐昕任队长,成果处党支部、农村处党支部、评估中心党总支抽调骨干党员参加。社发处党支部、基金办党支部做好应急科研攻关专项和自然科学基金专项推进的统筹协调和业务指导;办公室党支部、人事处机关党委党支部做好综合协调、宣传和后勤保障工作。请各先锋队队长负责在 2 月 5 日完成本队的组建工作,并将本队人员名单报厅机关党委。

(2)党员服务先锋队的主要任务

各先锋队的主要任务是对口联系承担我省疫情防控应急科研攻关任务的相关高校、科研院所和企业,及时掌握一线科研攻关需求,了解各科研攻关项目的进展情况,加强指导,协调解决实际困难和问题,帮助开展横向科研合作和成果转化产业化,推动科研攻关的成果第一时间运用到抗击疫情的第一线,并及时向厅疫情防控领导小组汇报有关情况。

(3)党员服务先锋队的服务方式和要求

各先锋队要根据我省疫情防控的总体要求,务实高效、灵活多样地开展服务,既不给服务对象添麻烦,又切实帮助解决一线科研攻关的实际问题。全体先锋队员要切实提高政治站位,深刻领悟和贯彻落实习近平总书记关于做好疫情防控工作的重要讲话和指示批示精神,落实省委省政府的部署要求,把投身疫情防控工作作为践行初心使命、体现责任担当的试金石,让党的旗帜在防控疫情斗争第一线高高飘扬。

2.2 浙江省科技厅党员服务先锋队全力保障疫情防控应急科研攻关 [①]

自新冠肺炎疫情发生以来,省科技厅把推进疫情防控应急科研攻关作为践行"两个维护"的重大政治任务,在紧急启动6个应急科研攻关专项和13个基础研究专项的基础上,厅党组迅速抽调厅系统精兵强将、骨干党员,组建5支党员服务先锋队,重点服务保障我省疫情防控应急科研攻关,对口联系承担省疫情防控应急科研攻关任务的高校、科研院所和企业,加强服务指导,积极帮助解决实际困难和问题,推动科研攻关的成果第一时间运用到抗击疫情第一线,以深化"三服务"的实际行动,践行初心使命,让党旗在疫情防控斗争前沿高高飘扬。

(1)整合精干力量,做到服务常态化

2月5日,厅党组印发成立厅疫情防控科研攻关党员服务先锋队通知后,厅机关各支部和各厅属单位党员干部积极响应、踊跃报名,迅速完成5支先锋队的组建。每支队伍由5名党员干部组成,1名厅机关党支部书记担任队长,在厅党组的

[①] 原标题为《省科技厅:党员服务先锋队全力保障疫情防控应急科研攻关》,转载自浙江省纪委省监委网站 http://old.zjsjw.gov.cn/ch112/system/2020/02/10/032197206.shtml.

领导下,形成团结一心、服务攻关的工作合力,积极发挥工作职能优势,及时掌握一线应急科研攻关需求,协调解决实际困难和问题。

(2)突出一线需求,做到服务精准化

按照"解决问题不添乱、精准服务提效能"的原则,5支先锋队实施"一对一"联络机制,第一批确定10位联络员对口联系10个科研单位,每日收集汇总应急科研攻关问题需求反馈办理情况,进一步畅通沟通渠道、降低沟通成本,做到"事事有回音、件件有着落",获得科研团队纷纷点赞。比如,浙江大学能源工程学院课题组研发了"一种佩戴式空气净化装置",可弥补口罩存在的不足,急欲寻求省内具有此类产品生产基础的企业进行合作,对此,先锋一队积极联络协调,目前已找到多家对口企业,正在加快推进成果落地产业化。

(3)实施分级处置,做到服务协同化

将先锋队收集掌握的困难问题分三级进行快速办理:对于先锋队内可解决的问题,由先锋队直接办理;对于科技厅系统内可解决的问题,由先锋队长提出,经厅机关党委协调相关处室(单位)配合办理;对于不属于我厅职能范围的问题,报请厅领导后,协调相关厅局帮助办理。如先锋三队获悉省疾控中心在"新型冠状病毒感染的肺炎疫情防控关键技术研究"专项中的新型冠状病毒灭活疫苗和mRNA疫苗（基因工程合成苗）的研究开发中，需要寻找有资质的实验室开展研究后，经厅领导协调，与省农业农村厅、省卫健委和省动物疫病预防控制中心、科技部基础司多方沟通，为省疾控中心推荐联系有资质的上海市公共卫生临床中心、中国疾病预防控制中心等单位，确保实验正常进行。又如先锋四队收到杭州医学院在项目研究中急缺 CHO 细胞的信息后，经协调，会同省自然科学基金办公室党支部积极联系，最终找到浙江理工大学生命科学与医药学院，及时给杭州医学院提供 CHO 细胞和相关技术。

2.3 为打赢疫情防控总体战阻击战提供强大科技支撑 [①]

全省各高校、科研机构、科技型企业，广大科技工作者：

自新冠肺炎疫情发生以来，全省科技系统闻令而动、争分夺秒，集中力量奋力开展应急科研攻关，取得了阶段性成果。习近平总书记于 3 月 2 日在北京考察新冠肺炎防控科研攻关工作时强调，要把新冠肺炎防控科研攻关作为一项重大而紧迫的任务，综合多学科力量，统一领导、协同推进，在坚持科学性、

---

① 原标题为《浙江省科技厅党组发出号召：凝聚创新力量、发挥创新优势，为打赢疫情防控总体战阻击战提供强大科技支撑》，转载自浙江科技新闻网 https://st.zjol.com.cn/kjjsb/202003/t20200313_11775986.shtml.

确保安全性的基础上加快研发进度,尽快攻克疫情防控的重点、难点问题,为打赢疫情防控的人民战争、总体战、阻击战提供强大科技支撑。为进一步凝聚创新力量、发挥创新优势,沿着习近平总书记指引的方向奋勇前进,特发出以下号召。

(1)认真学习和贯彻习近平总书记关于科技创新系列重要讲话精神

在疫情防控期间,习近平总书记发表了一系列重要讲话,指明了疫情防控期间科研工作的指导思想、方向目标、改革要求和具体部署,是我们做好应急科研工作的根本遵循,也体现了习近平总书记对奋斗在疫情防控科研攻关一线的科技工作者的亲切关怀和巨大勉励,对疫情防控科研攻关工作的充分肯定和殷切期望。各单位和广大科技工作者要认真学习习近平总书记在疫情防控期间的系列重要讲话精神,坚定信心、鼓足勇气,坚决扛起"三个地"的使命担当,全力投入疫情防控的人民战争、总体战、阻击战中去。

(2)全力推进疫情防控科研攻关早出成果、多出成果

习近平总书记强调:"提高治愈率、降低病亡率,最终战胜疫情,关键要靠科技。"全省科技战线要积极响应党中央的号召,坚持向科学要答案、要方法,主动组织跨学科、跨领域的科

研团队,坚持问题导向、效果导向,强落实、快行动,在临床救治和药物、疫苗研发、检测技术和产品、病毒病原学和流行病学、动物模型构建五大主攻方向合力攻关,拿出更多的硬核产品,为维护人民生命安全和身体健康、维护国家公共卫生战略安全贡献浙江力量。

(3)积极融入我省生命健康科创高地建设

习近平总书记强调:"生命安全和生物安全领域的重大科技成果也是国之重器。"加强生命安全和生物安全领域科研攻关都是重中之重。各单位要加快建设一批具有全国影响力的国家级平台,加强疫病防控科研攻关能力建设;建立以企业为主体、产学研相结合的疫苗研发和产业化体系;加快补齐高端医疗装备短板,突破技术装备瓶颈,实现高端医疗装备自主可控;加强生命健康领域的基础研究和医疗健康关键核心技术突破;加强高层次人才培养,大力引进高端人才、顶尖人才。广大科技工作者要立足岗位、积极主动,抓住发展机遇,实现合作共赢,为我省加快打造生命健康世界科技创新高地贡献力量。

(4)大力弘扬新时代科学家精神

面对疫情"大考",广大科技工作者要自觉践行、大力弘扬胸怀祖国、服务人民的爱国精神,勇攀高峰、敢为人先的创新精神,追求真理、严谨治学的求实精神,淡泊名利、潜心研究的奉献精神,集智攻关、团结协作的协同精神,甘为人梯、奖掖后学的育人精神,以支撑服务疫情防控和经济社会发展为己任,将科研成果切实运用到抗疫第一线上,努力向党和人民交出一份满意的科技答卷。

2.4 杭州市科技局以"五员领创"为企业发展赋能[①]

各区、县(市)科技局,钱塘新区经发科技局,局机关各处室、局属各单位:

根据省委关于构建"服务企业服务群众服务基层"长效机制和市委持续深化"走亲连心三服务"的工作部署,为扎实开展市科技局"2020年机关作风建设年"活动,改进工作作风,奋力展现"重要窗口"的"头雁风采"。经研究,决定在全市科技系统开展"五员领创"活动。现将有关事项通知如下。

(1)指导思想

坚持以习近平新时代中国特色社会主义思想为指导,深入贯彻习近平总书记在浙江尤其是杭州考察时的重要讲话精神,充分发挥党组织战斗堡垒作用和党员干部先锋模范作用,扛起

---

① 原标题为《杭州市科学技术局党组关于在全市科技系统开展"五员领创"活动的通知》, 转载自杭州市科学技术局网站 http://kj.hangzhou.gov.cn/art/2020/6/26/art_1694049_53073694.html.

"三个地""重要窗口"的政治责任,打造由克难攻坚员、调查研究员、联络服务员、科技特派员和创新协作员组成的科技铁军队伍,通过深入一线开展"三服务",落实"六稳""六保""六新"的工作要求,全面提升全市科技系统党员干部改革创新本领、调查研究本领、狠抓落实本领和群众工作本领,全面改进工作作风、优化服务流程、提升服务质量,全面激发基层党组织的创造力、凝聚力、战斗力,把"五员"队伍锻造成为科技政策的宣传队、科学技术的传播者、"一城一窗"的施工队和攻坚克难的排头兵,以实际行动为打赢"双线作战"提供科技创新动力支撑。

(2)活动内容

①深入宣传贯彻党的十九届四中全会、中央经济工作会议、省市委全会、经济工作会议等重要会议精神和习近平总书记在浙江、杭州考察时的重要讲话精神。宣传解读国家、省市支持科技创新和疫情防控的政策举措,以更快速度、更高效率释放政策红利,切实增强企业获得感,帮助企业提振创新发展信心,提升发展动能。

②把最优秀的科技人才引导到最需要的地方去,服务企业创新发展。引导和鼓励在杭高校、科研院所高精尖人才与科技企业结对,促进供需精准契合。鼓励科技人才把论文写在车

间、田间,把企业、把农村大地作为人才快速成长的舞台。以需求促进定向研发,并推动研究成果在企业转化为现实生产力,提高企业的自主创新能力和核心竞争力。

③建立党员干部对口联系服务机制,跟踪掌握服务对象科技创新战略举措、生产科研情况、问题困难和服务需求,分类指导、具体分析、集中攻关,确保"事事有回音、件件有着落"。促进党员干部在服务基层、服务企业中增长才干、担当有为。

④在克难攻坚中打头阵、当尖兵。聚焦市委市政府的重点工作任务,紧紧围绕局党组的中心工作和全年工作目标任务,梳理年度克难攻坚清单,由局领导帮带年轻干部组成克难攻坚突击队,把克难攻坚作为年轻干部成长的赛场。调查研究各类创新主体创新发展需求和发展痛点,总结归纳各区、县(市)在科技改革发展、创业创新等方面的有效举措与经验做法,形成优质调研报告。

(3)组织方式

以全市科技系统党员干部和科研人员为主体,成立由克难攻坚员、调查研究员、联络服务员、科技特派员和创新协作员组成的"五员"队伍,引领全市科技工作创新发展。

①克难攻坚员。由局领导分组传帮带若干年轻干部组成,集

中攻克工作中的难点、痛点和重点,并加强年轻干部跨部门锻炼。

②调查研究员。开展"大学习大调研"活动,理论联系实际,每名局领导领衔两个以上调研课题,与"三服务"结合起来,以问题为导向,开展针对性调研,出思路、出建议。

③联络服务员。局领导每人至少联络1位高端人才,联系1—2个区、县(市),重点服务产业创新服务综合体、新型研发机构、科技创新平台(载体)、重点企业创新发展;其他党员干部每人联络1个重大科技项目或领军型人才团队项目,提供全过程、全方位服务保障。

④科技特派员。科技特派员制度推进20年,凝结着习近平总书记对"三农"工作的深邃思考和实践探索,是科技创新人才服务乡村振兴的重要品牌活动。要坚持人才下沉、科技下乡、因地派人、服务"三农",继续每两年面向全市科研院所科技工作者征集一批科技特派员,支撑乡村全面振兴。

⑤创新协作员。把科技特派员制度机制向工业领域拓展,以供需精准、自愿共赢为原则,支持和鼓励在杭科技院所高精尖科研人员,带项目、带技术、带成果、带资金、带课题去企业进行产业改造升级、成果转化落地等,推动产学研用一体化。

(4)有关要求

①提高工作站位。在全市科技系统开展"五员领创"活动是贯彻落实全市推进疫情防控补短板、补漏洞、强弱项暨深化作风建设和综合考评大会精神、打造"五力"科技铁军队伍的重要举措,是开展机关作风建设年活动的生动实践,党员领导干部要高度重视,尽心尽责,抓实抓好服务工作落实。

②确保服务质效。坚持问题导向、目标导向和效果导向,把信心和服务"带下去",把困难和思路"带上来",以克难攻坚、改革创新的精神,解决服务对象存在的困难,确保取得实实在在的效果。对能当场解决的困难与问题,要马上帮助协调解决;对一时解决不了的,要做好解释工作,把问题带回来第一时间分析研究,形成个性化解决方案,并及时帮助解决落实。

③严肃工作纪律。在服务过程中,要严格落实中央八项规定及其实施细则精神和省市有关规定,严格遵守群众工作纪律,注重统筹结合,不给基层和企业增加负担,树立党员干部的良好形象。

④建立有效机制。"五员领创"活动由组织人事处会同机关党委牵头组织,负责方案筹划、督导交流和经验总结;局办公室负责活动宣传;资源配置处牵头组织攻坚克难员任务实施;

法规处牵头组织调查研究员任务实施;高新处会合作处、外专局牵头组织联络服务员任务实施;农社处负责科技特派员工作实施;合作处负责创新协作员工作实施。每季度组织开展一次"五员领创"工作情况交流会,重点是克难攻坚工作进展、解决问题情况,晒一晒谁调研更深、服务更佳、攻坚更优,营造"比、学、赶、超"的良好氛围,推动全市科技工作上台阶。

2.5 温州市科技局开展"深化拓展'三服务'、落实落细科技'双百'和党建联盟"行动 [①]

各县(市、区)功能区科技局,局各处室、局属单位:

为深入贯彻落实市委十二届十一次全会精神,有效帮助创新平台、科技企业、科研人员解难题、办实事,根据《中共温州市委办公室 温州市人民政府办公室关于开展"深化拓展'三服务'、落实落细'两万两千'、凝心聚力'十四五'"行动的通知》(温委办发〔2020〕52号)要求,经研究,决定在全市科技系统开展"深化拓展'三服务'、落实落细科技'双百'和党建联盟"行动。现将有关事项通知如下。

---

① 原标题为《中共温州市科学技术局委员会关于开展2021年度"深化拓展'三服务'、落实落细科技'双百'和党建联盟"行动的通知》,转载自温州市科学技术局网站 http://wzkj.wenzhou.gov.cn/art/2021/2/7/art_1229203966_3849084.html.

（1）指导思想

坚持以习近平新时代中国特色社会主义思想为指导，围绕贯彻落实创新首位战略、打造温州科创高地和社会主义现代化先行市目标，结合科技创新"83456"计划重点任务，深化实施"百名科技干部携手百家创新平台，精准服务企业助推高质量发展"专项行动（简称科技"双百"专项行动），落实落细党建联盟、"两万两千"行动。全市科技系统领导干部带队深入走访一批创新平台和科技企业，着力解决创新平台建设发展中存在的问题，助力企业高质量发展。坚持市县联动、合力推进，力争实现闭环式全程服务、体系化联动服务、数字化智慧服务，为建设高水平创新型城市提供有力保障。

（2）工作任务

① 深化推进科技"双百"专项行动

第一，政策上门有温度。在实地调研走访时主动做好政策宣传解读工作，让各类创新主体对扶持政策"应知尽知、应享尽享"。深入宣传习近平总书记在科学家座谈会上的重要讲话精神，全面贯彻落实国家、省科技创新政策和温州科技新政30条，了解政策兑现过程中存在的问题，增强企业创新发展信心和定力。

第二,工作指导有力度。把"三服务"活动与推进"一区一廊"和高能级创新平台建设、实施科技企业新"双倍增"计划等工作相结合,积极开展调研走访、政策宣讲、企业培训、技术对接、人才服务等工作,帮助创新平台和科技企业提升技术创新能力、加强人才引进培育、实现高质量发展。

第三,服务联系有深度。建立"1+1"联系服务机制,由科技部门领导领衔的服务小组为联系平台和企业开展服务,深入了解其主要诉求,帮助解决其实际问题,并在此基础上按照"小切口、大突破"的要求,提炼共性需求,实现"解决一个、服务一片"的目标。助企服务员和联村指导员每月至少为联系单位开展1次服务工作,帮助企业明思路、排难题、破瓶颈,深入一线排查问题、优化服务,全面助力企业发展和乡村振兴。

第四,破难攻坚有准度。全面了解创新平台所服务的产业发展情况,对行业关键共性技术问题进行梳理研究,为推行科技攻关揭榜制和实施"卡脖子"攻坚项目提供依据;综合分析产业链、创新链、人才链、金融链、服务链,查找短板不足,形成科技工作重大改革、重大举措对策建议。

② 落实落细科技党建联盟服务工作

一是红色引领、聚力共进。结合"模范机关"建设和"红色领航·双强争创"等活动,联合科研机构、行业协会、科技企业党组织,加强政治建设,推进"两新"党建工作,实行组织联建、政治联学、活动联办,充分发挥党支部战斗堡垒和党员先锋模范作用,让科技党建联盟成为点燃创新发展的"红色引擎"。

二是走访调研、精准服务。由科技系统领导干部带队,深入走访服务党建联盟成员单位,积极开展科技政策宣讲、高新技术企业认定培训、企业研发机构建设、创新平台公共服务、科技人才服务等活动。根据成员单位实际需求,制订"菜单式"服务清单,举办党员志愿服务、"创客讲坛"、培训指导等活动。整合联盟成员单位资源优势,推进政产学研协同创新,助力科技企业高质量发展。

三是联动发展、合作共赢。发挥联盟的桥梁和纽带作用,利用高校、科研院所等单位人才资源组建科技专家服务团,为企业提供专家咨询、技术对接等服务,推进科技成果转化。引导联盟成员党组织或单位之间互学互鉴,以党建融合带动创新发展,通过"双向""多向"的合作互动,使党建和科技创新工作同频共振、互融共促。

(3)组织方式

①成立服务小组。市科技局领导班子成员分别带队组成

5个服务小组,责任处室(局属单位)参与并指定1名联络员负责具体对接服务创新平台及企业。各县(市、区)、功能区科技局参照市局做法,由局领导带队组成服务小组,相关科室(单位)参与,全年对接跟踪服务属地创新平台及挂钩企业,并将有关工作进展情况及时汇报给市科技局。

②开展走访服务。各服务小组分赴对口联系的创新平台、科技企业深入开展调研服务,每月安排1次集中调研走访,全年持续跟踪服务。对各类问题能当场解决的就当场解决,需要带回去解决的明确解决时限,超期未办结的要列出清单、明确计划、加快推进。要对问题解决情况实行销号管理,解决一件销号一件,确保"件件有落实"。

③建立联动机制。构建市县一体服务协同联动机制,市科技部门突出对共性问题、政策问题的研究解决,县(市、区)、功能区科技部门集中属地资源压实解决问题的主体责任。把深化"三服务"与"最多跑一次""一件事"集成改革结合起来,通过"帮企云"涉企问题在线化解、"直通车"惠企政策集中兑现、温州科技大脑等平台实现跨部门协同和问题合力化解。

(4)工作要求

①提高政治站位,加强组织领导。科技系统要把深化"三

服务"作为健全党的领导制度体系、落实整体智治理念的重要内容。主要负责人要亲自抓、带头做、负总责,班子成员要落实好分管领域的"三服务"工作。局办公室、机关党委要加强统筹协调和问题督办,重要情况和重大事项要及时报告。局各处室(支部)和局属单位要将"三服务"与推进重点工作任务相结合,落实专门人员,切实履职尽责。

②坚持问题导向,提升服务实效。坚持问题导向、目标导向和效果导向,把信心和服务"带下去",把困难和思路"带上来",以克难攻坚、改革创新的精神做到调查了解实、解决举措实、落实政策实,确保取得实实在在的效果,形成比担当、比执行、比成效的良好氛围。

③改进工作作风,力戒形式主义。开展"深化拓展'三服务'、落实落细科技'双百'和党建联盟"行动是落实市委十二届十一次全会精神的务实举措,是推动全市科技党员干部加强作风建设的重要内容。要进一步强化服务角色,严格纪律执行,注重统筹结合,不干扰企业的正常生产、工作,不增加基层负担,杜绝形式主义、官僚主义。

2.6 舟山市开展"百名科技干部""精准服务企业助推高质量发展"专项行动 [①]

为深入贯彻落实党的十九届四中全会和省委十四届六次全会精神,根据省科技厅《实施"双百"专项行动 深化"三服务"工作方案》和市委关于开展"深化'三服务'、主推开门红"活动的部署要求,经研究,决定在全市科技系统开展"百名科技干部走进以综合体为重点的百家创新平台和创新主体,精准服务企业助推高质量发展"专项行动(以下简称"双百"专项行动),具体工作方案如下:

(1)指导思想

坚持以习近平新时代中国特色社会主义思想为指导,全面贯彻落实党的十九大和十九届历次全会及省、市相关会议精神,坚持市、(县)区联动,充分调动政府、市场和社会的多元积极性,以产业创新服务综合体(以下简称"综合体")为关键载体,集中力量精准服务企业、推动产业创新发展。牢固树立以人民为中心的发展思想,持续深化"三服务"工作,助推高质量发展,进一步增强科技干部"八个本领",发扬"务实作风",做"实干表率",

---

① 原标题为《关于开展"双百"专项行动深化"三服务"工作方案的通知》, 转载自舟山市科学技术局网站 http://zskjj.zhoushan.gov.cn/art/2020/1/10/art_1312722_41572958.html.

高质量完成科技创新各项目标任务。

（2）总体目标

"双百"专项服务行动,要求全市科技管理部门百名干部走进以综合体为重点的百家创新平台和创新主体,着力解决一批平台建设和发展中存在的问题,提升其集聚创新资源、促进产业发展的能力;精准服务一批重点科技企业、科技人才、科技项目,以优质创新服务提振发展信心、提升发展动能;围绕产业链梳理分析创新链、生态链、人才链、金融链、服务链,形成一批关键核心技术攻关专项和工作建议,优化"十联动"创业创新生态系统,努力为创新舟山建设提供有力的科技支撑。

（3）工作任务

①深入宣传贯彻落实国家、省和市支持科技创新的政策措施,引导企业增强创新驱动发展的意识,增强依靠科技创新实现高质量发展的信心和能力。

②深入综合体开展"蹲点"式调研服务,了解政策落实、作用发挥等情况,帮助指导综合体引进集聚高校、人才、载体等创新资源要素,提升创新服务能力水平;指导综合体加大建设力度,创新体制机制、完善服务模式、自我造血功能,帮助其提升工作绩效。

③ 建立"1+1"联系服务机制,由局长和分管领导领衔的服务小组会同综合体,对重点企业、人才和项目开展服务,特别是受中美贸易摩擦影响较大的企业,帮助其解决存在的实际困难和问题,并在此基础上按照"小切口、大突破"的要求,提炼共性需求,实现"解决一个、服务一片"。

④ 全面了解综合体所服务的产业发展情况,对产业内的技术链进行研究梳理,形成有关关键核心技术攻关的专项建议;综合分析产业链、创新链、生态链、人才链、金融链、服务链,查找短板,找准找实事关创新发展的重大改革、重大平台和重大政策,并形成具体建议。

⑤ 指导规范企业研发经费投入工作,帮助企业用好研发费用加计抵扣和高新技术企业税收优惠等政策。

⑥ 指导开展新产品开发与新技术应用工作,推广应用创新券。

⑦ 认真听取企业对科技部门的意见、建议。

⑧ 发现总结各县(区)在科技改革发展、创业创新等方面的先进典型。

(4)组织方式

结合省科技厅"双百"专项行动部署,局系统"双百"专项行动从2020年1月起实施,为期1年。要把"三定"工作法与"双百"专项行动结合起来,以坚持问题导向为基本原则,深入实施开展"定点、定人、定时"的科技服务,具体按照以下方式组织开展"三服务"。

①成立服务小组。市科技局将由局领导带队,由责任处室(单位)共同参与,组成6个工作小组,开展专项服务行动。每个责任处室(单位)负责对接服务1个创新平台载体及相关重点企业、人才和项目,并指定1名联络员固定联系服务对象。

②做好摸底分析。结合2019年"三服务"工作情况,全面梳理走访服务对象存在的困难和需求的重点方面和关键环节、关心关注的重点领域和主要诉求,把"三服务"工作经验与即将开展的"双百"专项行动紧密结合起来,带着问题、带着目标提前分析研究,"心中有底"走下去。

③开展走访服务。各服务小组结合服务对象实际情况,走访对口联系的1家综合体及不少于10个相关重点企业、人才和项目,开展深入调研服务,于2020年第一季度完成所有对口联系综合体的集中走访,并上报对口联系的重点企业、人才和项目清单,全年持续跟踪服务。

④加强研究落实。对能当场解决的要马上帮助解决;对一时解决不了的,要做好解释工作,把问题带回来第一时间加以

分析研究,形成个性化解决方案,并第一时间帮助落实。各服务小组的责任处室(单位)要对调研服务情况进行整理并填写服务登记表,于每季度末提交高新处录入"三服务"系统进行登记落实。

⑤及时跟踪评价。把"内部评价"与"外部评价"结合起来,提高服务质效。集中走访结束后召开一次"双百"专项行动交流会,各服务小组交流开展服务情况,重点是解决问题。强化跟踪和经验提炼,定期组织遴选优秀服务案例。利用好"三服务"系统,及时录入问题办理情况,通过电话回访、现场了解等形式,及时收集服务对象的满意度评价。

各县(区)科技局要制订切实可行的专项服务行动方案,深入开展"双百"专项行动。每个服务小组全年对接跟踪服务1个以上产业创新服务综合体及不少于10个相关重点企业、人才和项目,并于每季度末将"双百"专项行动成效上报市科技局办公室。

(5)有关要求

①提高工作站位,加强组织领导。开展"双百"专项行动是落实省、市关于深化"三服务"的务实举措,是推动全市科技管理系统党员干部加强作风建设的生动实践,各处室、单位要

高度重视,牢牢把握"持久、深入、精准、有效"的总体要求,认真履职尽责,抓紧、抓实、抓好。局办公室负责"双百"专项行动的督促协调工作,高新处、农社处、合作处等做好业务支撑保障,各处室(单位)按照服务小组的具体部署抓好落实,形成比作风、比担当、比执行、比成效的良好氛围。

②把"实"字贯穿始终,确保服务质效。坚持问题导向、目标导向和效果导向,把信心和服务"带下去",把困难和思路"带上来",以克难攻坚、改革创新的精神做到调查了解实、分析研究实、解决举措实、落实政策实,确保取得实实在在的效果,真正把问题解决到创新主体的心坎上。

③注重作风形象,构建亲清政商关系。深化"不忘初心、牢记使命"的主题教育,从"两个维护"的政治高度,主动变"要我服务"为"我要服务",在关心创新主体发展上下更大功夫,进一步强化服务角色,增强做好"三服务"的定力。严格纪律执行,注重统筹结合,不干扰企业、基层的正常生产、工作,不增加其负担,防止和克服形式主义、官僚主义。

3 突出红船味、浙江味、科技味,高标准高质量开展党史学习教育

3.1 省科技厅召开党史学习教育动员部署会 [①]

3月10日,省科技厅召开党史学习教育动员部署会。厅党组书记何杏仁主持会议并做动员讲话,厅领导曹新安、孟小军、叶翠萍,驻省财政厅纪检监察组有关负责人,厅机关全体干部,各厅属单位班子成员和党务干部参加会议。

会议指出,在全党开展党史学习教育,是全党政治生活中的一件大事。科技厅系统要把习近平总书记在党史学习教育动员大会上的重要讲话精神作为根本遵循,按照省委"做到'九学九新'、争当'四个排头兵'"的部署要求,教育引导党员干部学史明理、学史增信、学史崇德、学史力行,学党史、悟思想、办实事、开新局,不断增强党的意识和党员意识,更加坚定自觉地为党的事业奋斗,奋力实现"十四五"精彩开局,以优异的成绩庆祝建党100周年。

会议强调,要深刻领会党史学习教育的重大意义,充分认识开展党史学习教育,是牢记初心使命、推进中华民族伟大复

---

① 转载自浙江省科学技术厅网站 http://kjt.zj.gov.cn/art/2021/3/12/art_1228971342_58994635.html.

兴历史伟业的必然要求,是坚定信仰信念、在新时代坚持和发展中国特色社会主义的必然要求,是推动党的自我革命、永葆党的生机活力的必然要求,是浙江守好"红色根脉"、奋力争先创优、扛起"五大历史使命"的必然要求,是自觉扛起科技自立自强使命担当、奋力打造高水平创新型省份的必然要求。

会议强调,要准确把握党史学习教育的重点任务,进一步明确总体要求、总体安排、学习重点和学习目标,特别是要围绕党的百年奋斗光辉历程、党的伟大贡献、党的初心宗旨、党的创新理论、党的伟大精神、党的宝贵经验等开展深入学习研讨,从中汲取智慧和力量,引导党员干部提振精气神、展现新作为,解决好"学什么"的问题。

会议强调,要突出红船味、浙江味、科技味,按照"争当排头兵、勇于走前列"的要求,坚持"四个突出",高标准、高质量地开展党史学习教育。要突出系统思维"强联动",以学思践悟习近平新时代中国特色社会主义思想为主线,把学习党史与学习党的创新理论结合起来,把"关键少数"与"绝大多数"结合起来,把自主学习与集中学习结合起来,切实在学思用贯通、知行信统一上下功夫、见成效。要突出学用结合"重实效",坚持理论与实际结合、学与思结合、学习教育与推动工作结合,以实实在在的科技工作成效检验党史学习教育成效。要突出需求导向"优服务"，牢记"江山就是人民，人民就是江山"，围绕创新主体的所需所盼，深入开展"我为群众办实事，我为企业解难题，我为基层减负担"活动，切实帮助解决一批创新发展难题，打造科技"三服务"2.0版。要突出科技特色"创品牌"，按照"规定动作做到位、自选动作做出彩"的要求，在认真完成专题学习、专题培训、专题党课、专题民主生活会等任务的同时，紧密结合科技工作实际，组织好"共忆党史 共话初心"科学家座谈会、"创新浙商""最美科技人"评选等特色活动，讲好创新故事，争创科技品牌。

会议要求，厅系统各单位、各基层党组织要落实好主体责任，强化组织领导、统筹协调、宣传引导、责任落实，切实把党史学习教育成效转化为推进高水平创新型省份建设的强大动力。

3.2 全省科技系统要不断创新党史学习教育方式转化学习教育成果 [①]

6月4日，"最美科技人"党史宣讲团走进"科技学堂"，省市科技部门近千人参加党史联学活动，深入学习贯彻习近平总书记

---

① 原标题为《"最美科技人"走进科技学堂 省市千人参加党史联学活动》，转载自浙江省科学技术厅官微"创新浙江"https://new.qq.com/omn/20210605/20210605A05EZ800.html.

在两院院士大会、中国科协第十次全国代表大会上的重要讲话精神，纵深推进党史学习教育。厅党组书记何杏仁出席会议并讲话，厅党组副书记、副厅长孙旭东主持会议，省党史学习教育第十三巡回指导组成员王建成，厅领导孟小军、姚礼敏，厅机关全体干部、厅属单位班子成员参加主会场联学活动。

此次活动邀请浙江"最美科技人"走进"科技学堂"，科技系统以省市联学形式开展党史学习教育。会上，由范渊、方毅、汪自强、郁发新、张严峻5位"最美科技人"代表组成的党史宣讲团，围绕数字经济时代网络安全的融合与创新、"数据智能"领域科技人的社会担当、科技特派员助力脱贫攻坚乡村振兴、微系统技术发展动态、卫生科技的初心和使命等主题，讲述了各自的奋斗历程和科技情怀，为全省科技系统上了生动的一课。宣讲中闪现着浙江科技人科技报国、创新为民的初心使命，折射出锐意进取、勇攀高峰的精神风貌，也展示出我省近几年科技创新工作取得的成就，令人鼓舞、催人奋进，更加坚定了我省实现高水平科技自立自强的决心和信心。

何杏仁指出，全省科技系统要强化责任担当，奋力争先创优，不断创新党史学习教育方式，转化学习教育成果，以实际行动和优异成绩庆祝建党100周年。

要学史明理,始终坚持党对科技事业的全面领导。深刻认识我国科技创新取得历史性成就,最根本的原因在于我们党始终坚持对科技事业的全面领导;深刻认识以习近平同志为核心的党中央观大势、谋全局、抓根本,形成高效的组织动员体系和统筹协调的科技资源配置模式,是我国科技事业发展的根本政治保障。要进一步强化科技部门是政治机关定位,切实增强"四个意识",坚定"四个自信",做到"两个维护",不断提高政治判断力、政治领悟力和政治执行力。

要学史增信,切实增强实现高水平科技自立自强的信心和决心。我国科技实力正在从量的积累迈向质的飞跃、从点的突破迈向系统能力提升。我省科技创新工作按照时任省委书记习近平同志的谋划部署,取得了显著成效,实现了"进入创新型省份行列,基本建成科技强省"的战略目标。全省科技系统要坚定高水平科技自立自强的信心和决心,坚决贯彻落实中央及省委省政府决策部署,立足科技强国建设和高水平科技自立自强,紧盯三大科创高地建设目标和科技创新进入全国第一方阵要求,矢志不渝地走自主创新道路。

要学史崇德,进一步弘扬科学家精神,打造最优创新生态。根据习近平总书记提出的"四个表率"的要求,大力弘扬科学家精神,引导激励广大科技工作者坚持"四个面向",在高水平科技自立自强中彰显使命担当。科技部门要按照"抓战略、抓改革、抓规划、抓服务"的要求,加快科技管理职能转变,研究真问题,真研究问题,建立让科研人员把主要精力放在科研上的保障机制,"破四唯""立新标"并举,加快完善"揭榜挂帅""赛马制",营造最优创新生态。

要学史力行,把党史学习教育成果转化为科技强省建设的标志性成果。要学深悟透习近平总书记关于科技创新的重要讲话精神,保持"没有走在前列也是一种风险"的忧患意识,围绕建设高水平创新型省份和科技创新"十四五"规划确定的目标任务,抓紧推动各项工作落地见效。要着力形成全面支持创新的基础制度,以数字化改革为牵引,持续深化科技成果评价、科研项目组织和管理方式等全方位的改革;着力打造国家战略科技力量,加快完善实验室和技术创新中心体系,大力推进创新策源地建设;着力打好关键核心技术攻坚战,加快探索社会主义市场经济条件下新型举国体制浙江路径;着力推进科技企业"双倍增"计划,夯实企业创新主体地位,务实精准开展"三服务",为各类创新主体解决好创新发展难题。

4 以"三色(式)三强"支部工作法扎实推进党史学习教育 ①

自开展党史学习教育以来,省科技宣传教育中心党总支认真贯彻落实中央、省委、省科技厅党组决策部署,按照"学党史、悟思想、办实事、开新局"和"九学九新""争当四个排头兵",以及省科技厅"百年党史看科技、自立自强开新局"的统一要求,精心谋划,以"三色(式)三强"支部工作法,扎实推进党史学习教育深入开展。具体做法汇报如下:

(1)围绕"党建红",以扩展式锻造"强堡垒",在学史明理中"补钙铸魂"

红色,象征着方向和信仰。以红色为引领,倾力打造党建阵地,以党史文化筑牢信仰根基,补齐精神之钙,把稳思想航向,确保党史学习教育"有深度"。

一是扩建"一廊"。在原有党建文化长廊的基础上,按照厅党组书记何杏仁在厅系统党史学习教育动员部署会上提出来的"突出红船味、浙江味、科技味,注重融入日常、抓在经常"的要求,利用5楼办公长廊,突出"领航"主题,构建党史文化阵地,同步推出"扫我学党史""红色党建二维码",拓展党史知识,

---

① 本文为浙江省科技宣传教育中心党总支书记、主任费必胜于2021年5月26日向省党史学习教育巡回指导组的工作情况汇报发言。

着力展现党的光辉历程、党的伟大贡献、党的伟大精神。

二是完善"二室"。以强化政治功能、提升服务功能为根本，建设党群活动室、工会活动室，通过购置党史书籍、定期开展交流研讨、建设职工之家等，抓好阵地保障支撑，延伸党建活动内容，实现党建带群建，党群一体推进党史学习教育的工作格局。建设成果被西湖区沿山河社区党委等单位学习借鉴。

三是深化"三结合"。坚持统筹兼顾、突出特色元素，做好结合文章，精心谋划主题党日活动。首先，将党史学习教育搬进红色场馆，结合省档案馆"建党百年初心如磐——长三角红色档案珍品展"巡展活动，抓好回望历史与谋划发展相结合，引导全体党员在党史知识与科技故事中传承红色基因，厚植初心使命；其次，将党史学习教育搬进科研基地和科技企业，通过与省园林植物与花卉研究所党支部开展党建共建学习交流和赴相关企业开展"三服务"活动，抓好锤炼党性与践行初心相结合，在为民服务中谱写最美篇章；最后，将党史学习教育搬进军事院校，通过讲活"科技味""军事味"党课，使理论学习与现场体验相结合，引导党员在真情实感中，激发思想上的"共鸣"和行动上的"共振"。

(2)围绕"科技蓝",以融合式构造"强引擎",在增信崇德中"提质增效"

蓝色,象征着创新和融合。以"科技蓝"为主线,深入推进党史学习教育和业务工作互相融合,有效地将党史学习教育成效转化为推动科技宣传教育工作的实效,确保学习教育"有力度"。

一是聚焦主责抓组织建设,让党建品牌强起来。将党史学习教育纳入《2021年度全面从严治党和意识形态责任书》,拧紧压实主体责任。制订并印发《党史学习教育实施方案》和《党史学习教育任务安排表》,列出任务清单和时限要求,自上而下地推进党史学习教育落实落细。通过开展"三会一课"、主题党日活动等,不断把党史学习教育引向深入。党总支书记费必胜开展的党课——《从伟大的党史中汲取精神和力量》,被列入全省机关"百堂精品微党课",在"学习强国"平台推广宣传;团支部书记余晨参加省科技厅代表队,获省直机关党史知识竞赛"优胜奖";青年党员葛晨入选新时代机关青年理论宣讲团。

二是聚焦主业抓宣传教育,让党建氛围浓起来。坚持把学习习近平新时代中国特色社会主义思想作为党总支"第一议题","第一时间"传达并学习习近平总书记重要讲话精神和厅党组会议精神。协助厅机关党委邀请中新社浙江分社副社长严格，以《瞬间——重返浙江百年党史现场》为题，在"科技学堂"开展党史讲座。通过"创新浙江"微信公众号、《今日科技》杂志、浙江电视台《创新浙江》栏目，深入宣传党史学习教育新进展、新经验、新成效，共发布党史学习教育信息 28 篇，推出"党史课堂""党史学习教育""党史上的今天"等专栏 60 期。

三是聚焦主体抓工作合力，让服务能力强起来。为确保党史学习教育实效，第一时间成立党史学习教育领导小组，实行党总支书记牵头抓总，党总支委员、党支部书记和支部委员各司其职、各负其责，通力推动党史学习教育走实走深。协助厅外专局举办的"科技活动周"开幕式，以图文并茂的形式，生动地展示出重要党史内容和科技创新成果，同时撰写稿件，在 5 月 24 日的《浙江日报》做了专版报道。组织党员赴龙游县开展"我为群众办实事"的主题党日活动，就企业研发痛点、人才引进难点等问题寻找突破点、牵线搭桥，新建浙东、浙南、浙西和浙北 4 个创新方法片区基地，助力企业创新发展，中心"三服务"动态排名位于厅系统前列。

（3）围绕"活力橙"，以造血式打造"强队伍"，在学史力行中"释放动能"

橙色，象征着活力和温暖。以"活力橙"为基调，以"宣教大讲堂"为主阵地，贯通"学"的氛围、"比"的活力和"情"的纽带，形成淬炼锻造的机制和模式，激发人才队伍的创造力和竞争力，确保党史学习教育"有温度"。

一是营造"学"的氛围。在组织党员学深悟透必读书目和系列资料的同时，以"理论＋业务"的形式，邀请省委党校教授王立军、"学习强国"平台浙江频道副总编辑冯晔等 8 名专家学者前来授课辅导，并组织干部职工交流发言。通过集中学、自主学、融会贯通学等方式，全面系统地把握党的历史发展的主题主线、主流本质，在学思践悟中不断巩固和升华理想信念。以"学习＋实践"的模式，组织干部职工赴五四宪法历史资料陈列馆等红色教育基地参观学习，有效增强了学习的针对性、鲜活性和实效性。目前，中心党总支和 3 个基层党支部围绕党史主题，已组织理论学习会 13 次、党总支书记讲党课 3 次、学党史主题党日活动 7 次。

二是激发"比"的活力。通过开展党史知识测试、业务技能比武、学习体会征文等"比学比做、争先创优"活动，把学习的内容、学会的本领与具体工作结合起来,激励党员干部在练兵比武中率先垂范,在评比考核中拼搏争先,引导干部职工在服务科技创新中"比"出好成绩、"比"出新技能、"比"出高素质。在"比学比做"写稿活动中,累计有100多人次参与,其中《走!到西子湖畔学党史去》《"情景式"微党课讲"活"百年党史》等一批优秀的新闻作品脱颖而出。通过定期晒进度、晒成果,激励全体职工朝着先进模范"比",奔着一流目标"超",以能力素质"大步赶超"带动工作成效"大幅跃升",不断增强核心竞争力。

三是系牢"情"的纽带。通过组织观看党史和战争影片、办好集体生日、春游等活动,推进党史学习教育与群团活动紧密结合,调动全体职工参与热情,有效地凝聚政治认同、思想认同、情感认同,推动党史学习教育迅速升温、全面铺开,激发干部职工干事创业的活力和动力。

党史学习教育使命光荣、任务艰巨、影响深远。通过党史学习教育,中心党员的党性观念进一步增强,责任意识进一步提升,工作干劲进一步昂扬。下一步,我们将对标对表中央、省委和厅党组的部署要求,认真落实省党史学习教育巡回指导组的指示精神,紧扣党史学习教育计划安排,抓好党史学习教育再学习、再宣传,开好党史学习教育专题组织生活会、民主生活会,推动党史学习教育往深里走、往心里走、往实里走,以优异的成绩庆祝党的百年华诞。

一是学习教育再加温。坚持把党史学习教育作为重大政治任务抓紧、抓实、抓好,把学习党史与学习习近平总书记关于科技创新的重要论述相结合,与总结经验、观照现实、推动工作相结合,同解决实际问题相结合,"七一"前后组织开展一次主题党课、一次政治生日、一次警示教育等党建活动,引导党员坚定政治信仰,永葆忠诚本色,强化使命担当,为服务厅中心工作贡献力量。

二是宣传服务再加力。切实发挥好"创新浙江"微信公众号、《今日科技》杂志、《创新浙江》电视栏目、"科技早餐馆"微信公众号、科技"云教育"平台、浙江科技宣传教育网等科技宣传载体作用,全景式、立体化地呈现庆祝建党百年的科技篇章,认真开展好献礼建党百年全媒体"100"系列宣传活动,即持续报道100位有代表性的科技人物,深度挖掘100个具有标志性意义的科技创新成果,征集展出100张具有科技辨识度的照片,唱响主旋律,弘扬正能量。持续开展"我为群众办实事"的实践活动,面向基层和各类创新主体,提供科技宣传、培训等服务,不断增强党史学习教育的"科技成色"。

三是特色品牌再深化。按照"规定动作做到位、自选动作做出彩"的要求,进一步发挥党建文化长廊、党史学习教育主题墙、红色党建二维码等特色内容的优势,深化"三色(式)三强"支部工作法品牌建设。围绕时代特色、科技特色和宣教特色,建立争先创优工作机制,营造"比、学、赶、帮、超"的工作氛围,引导全体党员和干部职工创新绩、谋新篇、开新局,实现中心"创特色、有影响"的年度目标,以昂扬的姿态、一流的业绩庆祝中国共产党成立 100 周年。

5 科技战疫党建引领案例 ①

在打赢新冠肺炎疫情防控阻击战中,浙江省科技战线发挥各级党组织战斗堡垒作用、广大党员先锋模范作用,动员群众、组织群众、凝聚群众,全面落实联防联控措施,构筑起群防群治的严密防线,同时发挥科技力量,在新冠肺炎的治疗、检测、预防等领域加紧攻关。省科技厅党组在全省科技系统严密部署疫情防控工作及科研攻关、科技服务工作,保障厅系统安全有

---

① 摘编自《今日科技》2020 年第 2 期刊中刊《浙江科技奋力战疫》。

效运转的同时加紧科研重大专项的推进；市县两级科技系统党员干部下沉至社区(村)，做好人员排查、体温测量、出入登记、宣传科普、走访慰问等工作，在第一线彰显了党员的责任和担当；各高新技术产业开发区迅速行动，依托各级党组织开展对区内企业及住宅区的联防联控工作；各高校院所科研单位竭尽所能，发挥科研优势，组织精干力量，为防疫工作提供切实的帮助和支持；各科技企业及高新技术企业在做好内部防控的同时，主动担起社会责任，由党员带头，加班加点完成药物、检测试剂的研发及生产，捐款捐物，助力地方防疫工作。

(1)严密部署集聚科技力量，精准施策提供科技支撑

浙江省科技厅党组、厅机关党委在疫情防控工作中，严密部署、精准施策、统一领导、统一指挥、统一行动，把全省科技力量拧成一股绳，为打赢新冠肺炎疫情防控这场没有硝烟的战争提供科技支撑。

在抗疫过程中，厅党组向全省科技系统发出通知，要求提高政治站位，全面动员高校、科研机构、企业各方力量参与专项攻关；全力做好相关科研攻关的服务保障工作；做好防控宣传及自身保健等工作。厅党组召开会议指出，全省正处于疫情防控的关键时期，科技系统要认真贯彻落实习近平总书记重要指

示精神和省委省政府各项部署要求,充分认识打赢疫情防控阻击战的紧迫性、重要性、艰巨性,增强"四个意识"、坚定"四个自信"、做到"两个维护",把疫情防控作为当前最重要、最紧迫的工作来抓,为打赢疫情防控阻击战贡献科技力量、展现科技担当。自新冠肺炎疫情发生以来,全省科技系统按照党中央和省委省政府的决策部署要求,迅速行动、积极作为,及早启动科技应急攻关项目,取得阶段性成果,为全省疫情防控工作提供科技支撑。

为充分发挥党组织战斗堡垒作用和党员先锋模范作用,厅党组印发《关于成立省科技厅疫情防控科研攻关党员服务先锋队的通知》,牵头成立疫情防控科研攻关党员服务先锋队,服务保障浙江省疫情防控应急科研攻关,及时掌握科研主体需求、了解项目进展、协调解决实际困难,推动科研攻关成果第一时间运用到抗击疫情第一线。省科技厅第一时间组织全省优势科研力量,围绕传染病流行病学、检验检测和疾病防治等疫情防控亟须解决的技术难题,先行启动两个重大专项和 8 个省基金项目等应急攻关项目,并取得阶段性成果。

(2) 构筑基层疫情防控阵线,彰显科技铁军担当作为

在疫情防控阻击战中,浙江省各市科技局党组织周密部

署、扎实工作,依托基层党组织及广大党员,把打赢疫情防控阻击战作为最重要的政治任务。

杭州市科技局第一时间向市科技系统基层党组织和党员干部发出疫情防控倡议,制订《杭州市科技局党员干部参与疫情防控工作方案》,迅速成立局机关党委疫情防控党员先锋队;局党委和广大党员干部坚持"在机关履职,到基层上岗",局全体党员干部到滨江区长河街道报到服务,配合社区工作人员对住宅区、办公楼开展登记巡查、科普宣传等工作。同时,党员主动对接居住地社区,参加志愿服务,做到了冲在一线、干在实处,勇于担当、主动作为。

嘉兴市科技局动员全市科技系统和科技型企业党员干部冲在疫情防控阻击战一线。市科技局党组书记、局长带队赴科创园区督导防疫工作,局机关党员志愿者赴基层一线开展疫情工作督导,党员干部踊跃报名争做市本级卡点和隔离点志愿者,主动参加所在社区疫情防控志愿服务。同时,深化"三服务",组织开展市县联动为科研人员、科技机构和科技企业做好服务、排忧解难。绍兴市科技局党组书记、副书记到结对社区联系了解新冠肺炎疫情防控情况,并提供帮助;党员干部积极投入基层一线防疫工作,自觉向居住地社区、村报名备案,协助社区、村做好人员排查、进出登记、体温测量、宣传提示等疫情联防联控工作。

各县(市、区)科技局作为基层科技部门,在疫情防控阻击战中下沉到各社区(村),开展全天候志愿服务,在服务企业的同时,直接服务群众,彰显了科技铁军的担当作为。

杭州市拱墅区科技局组建党员"疫线"先锋队,与仓基社区、双荡弄社区、卖鱼桥社区进行结对,在局党组书记带领下,对社区居民进出小区进行排查、体温测量、信息登记和疫情防控知识宣传等。摸清区内创新载体、创新平台等复工时间安排和区内创新创业人员、区外国专家疫情防控信息,做好对接工作。局机关各科室主动与区内所有医械生产企业对接,加快生产疫情防控急需的产品。

金华市婺城区科技局按照地方政府弹性工作的要求,在确保单位留守值班人员的前提下,安排全局工作人员兵分多路,到结对社区开展抗击疫情联防联控工作。

丽水市松阳县科技局11名在职党员中,除1名外市返县居家隔离外,其余均向所在社区临时党支部报到,并听候安排和调度。两位党员在社区担任临时党支部书记,主动作为,做好临时党支部党员调度联络、工作分配等工作。科技局党员在所属小区执勤,做好进出登记、防疫知识宣传等工作。1 位党员是松阳县大东坝镇的农村指导员,除配合社区临时党支部做好执勤等工作外,还积极投身于大东坝镇西山村的疫情防控工作。

(3)强化研发团队抗击疫情,展现浙江科技前沿力量

在这场疫情防控阻击战中,浙江高校院所及科研单位,充分发挥党员科研人员的先锋带头作用,与疫情抢时间,分秒必争地搞科研,彰显了科技创新的强大威力。

浙江中医药大学附属一院制剂中心党支部组织党员通宵达旦地赶制中药制剂,贡献中医力量,启动应急预案,根据处方药物性质,研究制定合理的生产工艺,并迅速投入抗击疫情中药制剂研制的工作。

浙江科技学院生物与化学工程学院党委组织党员教师参与研发的新型快速核酸诊断系统(POCT)投用一线疫区。该院生物与医药研究所党支部分子诊断团队与上海交大及奥盛仪器、丹威生物等公司联合研发了这一诊断系统。前期研发产品——全自动核酸提取仪用于一线疫区的生物样本特别是病毒样本的核酸提取,提高了诊断效率,减少了病毒交叉传播,保障了一线医务、科研工作者的生命安全。

杭州师范大学附属医院党委开展互联网问诊,突破空间限

制为患者提供便捷服务。在新冠肺炎疫情下，为解决患者"该不该去医院"的焦虑，有效引导患者有序就医，杭州师范大学附属医院党委组织开展互联网问诊活动，23 位科主任或高级职称专家，通过视频连接患者，一键挂号开处方，为患者提供在线服务，惠及杭州本地及北京、河南、广东、黑龙江等地患者超过 20 万人次。

(4) 全力组织各线研发生产，积极承担企业社会责任

浙江省内各高新技术产业开发区及区内高新技术企业充分发挥党组织及党员的模范带头作用，各党组织团结带领党员群众，众志成城、全力以赴抗击疫情。各科技型企业广大党员冲在前、做在先，在抗击本地疫情中发挥了重要作用。

宁波国家高新技术产业开发区各级党组织和党员冲锋在前，深入企业、村社、街巷、工地、商超，排摸巡查、宣传科普、联防联控。为支援街道村社等基层疫情防控力量"吃紧"的现状，宁波高新区迅速开展机关党组织与街道疫情防控"结对支援"工作，动员抽调机关部门党员"下沉"到一线，与街道村社党员干部组成近 1500 人的防控队伍，以"1+1+1"模式组建 400 多个战斗小组，即每个小组配备 1 名机关干部、1 名社区干部、1 名卫生专业人员，分赴住宅小区、公寓楼、出租房、企业集体宿

舍、各专业园楼宇、农村房屋等,两天内完成"地毯式""无死角"大排查,全面建立"村社门卡点、楼道门不串、自家门少出"的"三道门"把守的防控堡垒。高新区不少医疗药品与器械研发、生产企业,通过紧急电话召唤已经休假的技术骨干返回,开足马力研制、生产应急检测试剂和检测器械。宁波奇天基因科技有限公司与中国疾病预防控制中心病毒预防控制所专家团队联手研制检测试剂,多名党员主动请缨参战,毫不犹豫地取消了各自原有的行程。从大年初一开发完成,到1月29日进入量产,仅用了1周时间。

佐力控股集团有限公司旗下拥有中药企业——佐力药业,自浙江省中医药管理局将银翘散1号方确定为新冠肺炎中医药治疗密切接触史者预防用方后,该企业开足马力、抓紧生产,全力保障新冠肺炎救治定点医院的预防用药需求。集团旗下疫情防控用药生产企业的党组织积极组织党员带头加班加点做好生产服务,其余各单位的党组织积极参与制订严格的内控措施和各类突发应急工作预案,组织党员和志愿者开展防控工作。

疫情无情人有情!在此次新冠肺炎疫情防控阻击战中,浙江科技战线的党员干部抛家舍业,舍小家、为大家,放弃与亲人、朋友相聚的时光,奔波在抗击疫情的道路上,顶着压力日夜加班,不眠不休。这场疫情,真正检验了浙江科技战线"践初心、担使命"的新风貌,他们始终冲锋在前,在疫情防控中勤履职、做先锋,做到了让党旗在防控疫情斗争第一线上高高飘扬。

6 院所发展党建引领案例

(1)浙江省农业科学院以"十百千"工作为主抓手突出党建引领

浙江省农业科学院(以下简称"省农科院")组织开展了"十大科技行动兴乡村、百个创新团队联百村(企)、千名党员专家送服务"(以下简称"十百千")活动,发挥各基层党组织战斗堡垒作用和党员先锋模范作用,将"十百千"活动与提高科技创新能力、服务乡村振兴和推动年度各项重点工作紧密结合起来,认真制订实施方案,落实责任清单,精心组织实施。

省农科院以"十百千"工作为主抓手突出党建引领,院党委专门成立"十百千"工作领导小组。7位院领导带领党员干部和科技专家分赴基层一线开展农情调研,主动对接地方农业企业和农民群众的科技需求,面对面听取意见建议,掌握基层需求,为活动开展打下坚实基础。全院各基层党组织分别成立工作小组,基本覆盖畜牧兽医、作物栽培、蔬菜、水果、水产等农业科学全部领域。

"十"——十大科技行动兴乡村。结合省农科院乡村振兴十大科技行动、第十四批省科技特派员轮换工作,每个研究所组织1—2次专题现场会,送科技特派员进驻帮扶点,展示适用于农业的先进科技成果,输送科技人才去生产一线,激发科技人员服务"三农"的热情。每个研究所联系院领导参加1次以上专题现场会,送一批科技特派员进驻帮扶点。

"百"——百个创新团队联百村(企)。结合院学科体系建设,问需于村、问计于企,每个学科通过发挥自身学科优势,结合相关学科特长,对接一个村或者农业企业,开展对口村(企)帮扶工作。每个学科在专题活动期间开展服务不少于两次,帮助村(企)梳理问题、解决问题。

"千"——千名党员专家送服务。省农科院充分发挥全院党员、专家的积极性,以建设综合性成果示范基地、专业性成果示范基地、院地合作示范基地、技术转移中心等为载体,以推广新品种、新技术、新产品为契机,深化与农业大户、农业科技企业的对接。

　　自活动开展以来,省农科院共建立了 136 个团队,派出党员专家 1000 余人(次),服务农业企业 60 余家,对接农业园区 20 多个、农业专业合作社近百个,帮助"三农"实打实解决一线生产技术问题 150 多个。结合院主导品种、主推技术推广示范,每个研究所都召开了专项示范基地现场会,针对专业大户、家庭农场的技术需求开展现场培训,示范推广了一批新品种、新技术、新产品、新装备、新模式、新业态,切切实实地提高了"三服务"的成效。结合院乡村振兴重点示范村建设,针对所在村主要农业产业发展问题,依托院专家团队的技术优势和力量,围绕养殖、栽培、农药化肥双减技术、农产品质量安全等开展专题培训,累计培训农技人员和新型农民 3000 多人次,为乡村振兴和浙江省现代农业发展提供人才支撑。针对浙江省灾害性天气频发的现象,省农科院积极做好科技救灾工作,送技术、送种子、送药剂,帮助受灾地区开展生产自救。超强台风"利奇马"登陆前后,面对浙江省连日暴雨洪灾,省农科院第一时间启动应急预案,18 个研究所对接 145 个科研示范基地、192 家产业主体,85 名科技特派员第一时间奔赴温岭市、临海市、永嘉县、乐清市等受灾较严重的地区,开展科技抗台和灾后生产自救,组织赠送农用物资 5 万多包,深受基层和农民群众的欢迎。

省农科院还聚焦重点帮扶村,结合科技特派员、团队特派员进点驻村,围绕所在村农业产业提升发展需求,整合科技资源,发挥团队力量,开展新技术、新品种推广,实施精准帮扶。对口帮扶磐安双溪乡、武义大溪口乡,帮扶重庆涪陵、青海海西州、新疆阿克苏和西藏那曲4个县(市),有效促进农民增收。

省农科院党建活动围绕基层需求,立足自身优势,精心设计内容丰富、形式多样的活动载体,精准对接,精准服务,实打实地帮助解决问题。同时为青年科技人员成长提供实践平台,帮助他们走出实验室,走进田间地头,在生产一线找课题、解难题,丰富实践经验。通过科技合作和技术服务,形成利益共同体,建立起深度合作、互利共赢的长效机制,让农户、企业得到技术支持,实现增产、增收、增效,也让全院众多优秀科技成果实现转化,在生产中创造价值,在实践中得到推广。通过着力加强服务型基层党组织建设,充分发挥党组织战斗堡垒作用和党员先锋模范作用,打造一支实干担当、本领过硬的党员干部、党员专家队伍。

(2)浙江省冶金研究院瞄准"重要窗口"着眼固"根"筑"魂"

浙江省冶金研究院(以下简称"省冶金院")党委坚持将党建工作融入科技创新,着力抓好常态化的政治学习与党员教育,使党的思想政治建设抓在日常、严在经常,使广大党员进一步增强政治意识、大局意识、核心意识、看齐意识,坚定理想信念、保持对党忠诚、树立清风正气、勇于担当作为,充分发挥了先锋模范作用。利用"学习强国"APP、微信群、QQ群等平台丰富和拓展党支部"二会一课"、主题党日活动的形式和内容,鼓励和组织党员、职工积极参加"杭钢大讲堂"学习。支持各党支部之间互相学习比对、外出对标学习,进一步抓好理念创新、手段创新,增强思想政治工作的活力。

省冶金院党委还按照"一企一品、一支部一特色、一党员一闪光"的要求,扎实做好基层党建工作,大力推进院党建品牌建设。引导各党支部围绕党员素质提升和所辖单位中心工作,不断提炼完善支部工作特色,积极探索"党建+"的工作方式。把党建工作与创新业务工作、解决科技人员实际问题等更好地结合起来,充分发挥支部战斗堡垒和党员先锋模范作用。绝大部分党员在企业科技创新工作中发挥了业务骨干和主力军的作用,涌现出了多个先进集体和优秀个人。

省冶金院党委结合科研工作的特点,将科研项目管理、科研人才培养、科技成果转化等具有研究院特色的事项纳入党委会讨论范围,按照集体领导、民主集中、个别酝酿、会议决定的原则做出决定,规范决策程序,提高决策水平,防范决策风险。按照分清责任、细化内容、程序表达、依法决策的要求,院党委在工作实践中坚决落实对重大问题先进行研究讨论的制度,使党组织的主张在企业决策中得到重视和体现,使党组织在企业中的政治核心和领导核心作用得到充分发挥。同时,按照"党管保密"的要求,建立起一套符合科研机构特点的保密制度管理体系。

在科研工作中,不少科研项目由于资金投入较大,容易产生违纪违规现象。省冶金院党委加强党风廉政建设,发挥纪委的监督职能,让科技创新驰骋在合规的跑道上。省冶金院纪委协助党委构建"党委统一领导、党政齐抓共管、纪委组织协调、部门各负其责、员工支持参与"的多维联动工作机制,签订党建工作责任书,促进党建工作责任细化到位、责任到人,层层压实党建工作主体责任,时刻绷紧纪律这根弦。纪委对项目运行的全流程实施监控,从流程上锁住产生风险的"咽喉"。

经过研究和实践探索,省冶金院党委根据科研工作的特点和规律,逐步建立健全科技创新组织体系,理顺内部科研管理架构,制定科研项目、科研经费使用、知识产权、技术人员和科技奖励等相关管理制度;建立多元化、多形式、多层次的创新投入机制,发挥考核导向作用,合理设置科技创新考核指标,积极鼓励并引导下属单位加大科研投入。近年来建成了国家地方联合工程实验室、博士后科研工作站、省重点企业研究院,重点实验室、工程实验室、高新技术研发中心、企业技术中心等省级以上创新平台,配合已有的院级研究室,搭建起"国家 + 省市 + 院"的多层次科技创新平台。同时,不断加强开放合作,重视与知名高校、科研院所和企业用户联系,先后与哈尔滨工业大学、浙江大学、南京航空航天大学、中科院宁波材料所等国内知名院校,华为、海康威视、三花股份、药明康德、凯莱英等大型企业开展不同层次的科技合作,积极推进校企产学研用合作向纵深发展。

在党委的领导下,冶金院一直坚持以创新驱动引领产业发展的理念,在优势产业和技术服务产业上不断增加投入。亚通焊材支部在劳模创新工作室领衔人的带领下,通过打造新材料研发"红色引擎",坚持围绕中心、服务大局,将研发"红色引擎"与全面从严治党紧密结合,让广大党员在加强和规范党内政治生活、严守政治纪律政治规矩中增强党性、提升素质;与企业中心任务有序衔接,让广大党员在完成中心任务中当先锋、作表率,使推动科学发展、和谐稳定的目标在党员"创新"活动中得以落实、见效，将党建工作和科技创新发展深度融合、同频共振，切实发挥科技创新作为"助推器"和"催化剂"的作用。

同时，在打造新材料研发"红色引擎"中，冶金院党委着力于凸显基层党组织的基础作用和党员的主体地位，从"个人作用"到"集体效应"，发挥团队示范引领优势，紧密围绕提质增效和攻克各专业技术难点、重点，积极开展技术改进、技术攻关和课题项目的专题研究。

冶金院党委坚持党管人才的原则，重视基层、鼓励创新，弘扬劳动精神、劳模精神和工匠精神；积极探索党管干部原则在企业的实现方式，逐步实现由"党管干部"向"党管人才"转变。坚定不移地实施"人才强院"工程，营造人才聚集环境，加大人才引进力度，推行人才培养计划，培养和造就一支数量充足、结构合理的高素质人才队伍，为院科技创新提供强大的人才保障。

围绕省冶金院高质量发展的目标，引进高质量专业人才，以市场和能力为导向，实行人才的精准引进和严格考核。冶金院创新多种合作模式，与科研院所、行业龙头企业等进行合作，聘请行业专家、外部咨询顾问、专业团队等，对产业发展中的难点、痛点，以及产业链中的薄弱环节进行研究和指导。坚持把与新材料开发和产业发展相适应的人才引进、用好、培养工作摆在突出的位置。

针对青年员工,冶金院党委采用"导师带徒"的培养模式,以老带新进行一对一的定点培养,通过技术和经验的传承加速青年科技人才成长。与外部专业培训机构、专业院校及各领域专家合作,根据人才培养需要,定期或不定期地组织员工进行外部培训学习,抓好各层次员工培训,提升专业技能,丰富业务知识。此外,冶金院党委还通过加大轮岗交流力度来促进人才流动,采取挂职锻炼、轮岗或任实职等多种方式,合理有序地安排人才在集团与冶金院下属部门之间进行多向交流,以培养高素质复合型人才。

科技创新,方法先行,科学的创新方法是企业提升自主创新能力的基础和保障。为加快实施创新驱动发展战略,冶金院党委将创新方法的推广应用纳入党建工作,于 2009 年引入创新方法,开始组织党员干部和核心技术骨干参加创新方法培训,在全院范围内开展一系列宣传普及 TRIZ 等创新理论的活动。通过承担科技部基础性工作专项子项目——"浙江省创新方法应用推广与示范",培养了一批具有创新思维、掌握创新方法、具备国家创新工程师能力水平的创新工程师,组建了新型钎焊材料、金属粉体材料、贵金属催化材料和电真空材料 4 个创新小组,帮助解决技术难题,提高研发速度,并形成了《浙江省冶金研究院创新方法应用案例集》。

创新方法在冶金院的推广应用,营造了"人人都是创新主体,处处都有创新课题,时时都是创新之机"的浓厚氛围,引导技术人员善于运用新知识、新技术、新理念开展创新实践,努力实现优势领域、共性技术、关键技术的重大突破。2014 年,院党委"以创新方法培训为抓手,加强学习型党组织建设"项目获得杭钢集团公司党建创新二等奖。2018 年,以党员为代表完成的创新成果——"增材制造用真空气雾化金属粉体成品率的提高"获首届中国创新方法大赛二等奖 1 项和浙江分赛一等奖 1 项。

(3)浙江省淡水水产研究所强队伍、搭平台,深化"党建 + 创新"模式

浙江省淡水水产研究所(以下简称"省淡水所")党委紧紧围绕乡村振兴战略,创新"党建 + 服务""党建 + 创新"模式,聚焦行业管理和产业发展的关键技术需求,充分发挥党员先锋模范作用,率先推行"红色星期六"活动,切实将"一名党员一面旗帜,一个支部一座堡垒"的作用体现到绿色渔业建设工作

中。定期召开中心组理论学习会和支部学习会,学习习近平新时代中国特色社会主义思想、习近平总书记关于"三农"和科技创新重要论述,学习十九大、十九届历次全会精神,组织党员干部阅读党的政治理论书目资料,加强对广大党员的教育培训,教育引导党员干部牢固树立"四个意识",提高政治站位和政治觉悟,做政治上的明白人。

自 2017 年起,省淡水所开设"聚智问道"创新发展大讲堂,邀请各级农业农村行政管理部门、省市委党校、科研院所、知名农业科技企业等单位的领导、专家学者来所交流宣讲,解读党和国家政策理论、介绍地方渔业发展、讲解创新创业典型实例、分享知名专家人生哲理等,使党员干部认清形势任务,明确目标责任,实现科技干部由"专科医生"向"全科医生"转变。开展"弘扬科学家精神"系列活动,组织全所职工学习习近平总书记在科学家座谈会上的讲话,邀请全国劳动模范讲述先进事迹,每年定期组织所内青年科技人员学术交流会,评选优秀学术交流报告 8 个,建成所文化展厅,展示建所以来取得的突出科研成果,以研究所曾经的辉煌业绩和老一辈科技工作者的模范言行来教育和感染年轻同志,鼓舞青年科技党员的斗志,提振党员干部的精气神。在这期间,先后涌现出浙江省担当作为好干部贾永义、优秀共产党员陈雪峰等一批先进个人。

渔业技术创新成效关键在于产业应用。省淡水所牢固树立以人民为中心的理念，持续深入开展"三服务"活动，增强养殖渔民的获得感。从 2017 年起，省淡水所组织科技力量助力全省剿灭劣 V 类水行动。为兼顾治水工作和日常科研任务，共产党员带头作表率，结对德清、南浔等地方重点渔业乡镇，组成 6 个渔业科技治水团队，坚持每周六或周日深入田间塘头，提供全天候的养殖尾水治理技术服务，成功探索出一套成本低、实用性强、推广容易的养殖尾水处理工艺，打造以"驻点指导、团队支撑、产研结合"为核心的"红色星期六"党建品牌活动，获得广大渔民的欢迎和地方领导的一致好评，被百姓们誉为"周末工程师"。省淡水所构建的"三池两坝"养殖尾水模式在浙江 60 万余亩养殖水面推广应用，并辐射到湖北、安徽、江苏等省份，累计被推广应用面积达 100 万余亩，实现年降低污染物排放量 30 万余吨，养殖尾水全部达标排放，得到农业农村部副部长的批示表扬。针对近年来水产养殖暴发性病害多发现象，加强病害定期监测调查，每年设立百余个监测点，年开展苗种产地检疫和病害监测 3500 余批次，涉及苗种 50 亿尾，为萧山、嘉善等地养殖业减少损失近亿元。同时，强化生物安保理念,积极推行生态综合防控技术,推广绿色鱼药,构建"检测预警 + 精准施药 + 生态防控"三位一体的水产养殖用药减量技术模式,建立了抗生素减量使用示范基地 8 个,示范面积近万亩,并在全省示范应用 1 万余亩,示范区减少化学药物使用量 46.53%,养殖成活率在 95% 以上,常规病害发生率降低 30%以上,抗生素用量减少 50% 以上。从 2003 年起坚持每年向丽水云和、青田等欠发达乡镇和湖州重点渔业乡镇派遣科技特派员,先后派出省级、市级科技特派员 32 人次,团队科技特派员 5批次,围绕市县渔业产业发展需求,指导地方渔业高质量发展。近几年,围绕稻渔综合种养、池塘循环养殖、健康养殖场建设等重点工作,提供优质苗种和技术,推广新品种、新模式,开展全程水质检测、病害防控技术服务,技术支撑两个健康养殖示范县和 26 家健康养殖示范场创建,建立绿色渔业示范点 150 余个,示范面积 5 万余亩,实现亩增效益 1500 元以上。

创新是引领发展的第一动力。浙江省淡水所坚持改革探路,强队伍、搭平台、建机制,扎实推进党建与业务深度融合,科技助力农业高质高效、乡村宜居宜业、农民富裕富足。全面推行团队化建设,成立 8 个科技创新团队,建立集能上能下、动态管理、多学科融合、研究与转化于一体的协同创新体系;派遣专家考察团分赴匈牙利、挪威、英国等国家访问交流,派送年轻科技人员到国外高校、科研院所学习进修,持续高标准地做好年轻干部挂职锻炼工作,全力打造一支政治素质硬、业务能力强、具有国际视野的高水平渔业科技铁军。探索支部建在团队上,引导党员领办项目、领办课题,深入项目和基层一线抓调研、解难题。"十三五"期间,研究所获各类科技奖励11项、授权发明专利35项、修订各类标准21个,获太湖鲂鲌、全雌翘嘴鲌等国家水产新品种3个,研发鲫鱼、大口黑鲈、黄颡鱼等品种的高效疫苗8个、抗病毒寄生虫药物7个;在国际上首创了基于DMRT基因RNAi的全雄罗氏沼虾苗种培育技术体系,保存了世界上世代最长最全的罗氏沼虾育种家系215个;在国内率先研制出红螯螯虾全自动循环水孵化装置,为建设数字化无人虾类育苗车间奠定了重要基础。"十三五"末,到位科研经费达3155万元,实现成果转化收入21150万元,比"十二五"末分别增长了485%、126%。制定出台《科技创新重大贡献人员奖励办法》《探索性创新项目管理办法》《业绩量化考核办法》等18项政策,加大激励力度。建立"优胜劣汰、能上能下"的竞聘机制,强化专业技术人员聘期考核、岗位竞聘、职称评聘等。建立思想政治动态分析机制、重点工作督查机制、信息定期通报制度,着力解决科研院所党员队伍监督管理难、开展党支部"三会一课"等组织生活不到位等共性难题;通过对党建工作不定期调研督导,找准补齐差距短板,以互学互鉴促提升,形成比学赶超的良好氛围,用实际行动践行科技人员"不忘初心、砥砺前行"的誓言,真正做到把党的全面领导贯穿科技创新工作全过程。

(4)浙江省机电设计研究院有限公司"建堡垒、当先锋、用专心、集创新"抢占技术高地

浙江省机电设计研究院有限公司(以下简称"省机电院公司")党委创建"科技引领企业发展"党建示范品牌,倡导全体党员与集团、机电院公司同呼吸共命运,立足岗位、争当先锋、奋发有为、锐意创新,在扎根传统机电行业业务的基础上,积极顺应国家政策导向,贯彻落实习近平总书记关于加强国有企业自主创新能力的重要指示精神,紧紧围绕集团"科技机电"的战略目标,通过"科改示范行动",抢占技术高地,提升综合实力,推动国企改革,实现公司高质量发展。

省机电院公司党委始终坚持"把方向、管大局、保落实",坚持"以专有、特有技术为引领,以产业化、工程化为两翼"的发展思路,加大科技创新力度,完善科研、中试和产业化基础条

件,不断提升产业化、工程化市场竞争能力,先后孵化多家企事业单位,产生了较好的社会效益和经济效益。

为使党建品牌成为全体党员共同倡导的价值取向,省机电院公司党委利用多种形式,积极引导党员干部大力弘扬、忠诚实践"科技引领企业发展"的党建品牌,有效提升凝聚力、战斗力和创新力。根据党建示范品牌创建工作要求,结合公司工作实际,按照"建堡垒、当先锋、用专心、集创新"的工作思路,牢固树立"科技引领企业发展"的品牌理念,内化于党员心中、外化于创新发展。以习近平新时代中国特色社会主义思想为指导,在学懂、弄通、做实方面下真功夫,牢牢抓住思想理论武装这个根本,夯实党员干部思想政治根基。创新实施"延伸式"学习方法,有效串联公司党委中心组织理论学习、党支部"三会一课"、经营晨会、项目检查、创新团队交流会、青年学术论坛等重要活动,形成"党委—支部—业务单元—项目现场—科技团队"等多级联动效应,推进品牌向基层延伸。

2021年初,为进一步激发一线党组织战斗堡垒新活力和一线党员干事创业精气神,让党支部成为重点项目高效推进的"红色引擎",省机电院公司党委筹建了"绍兴片区联合项目部临时党支部",持续推进"杭绍台智慧高速""亚运会棒垒球馆"

等重点项目的实施,不断提升公司的行业影响力和信誉度。

省机电院公司党委在实践中充分发挥党委的领导核心和政治核心作用,要求党员干部既是党建品牌的指引者,又是党建品牌的执行者。一名党员干部一面旗,坚持把凝聚合力与发挥党员的先锋模范作用相结合,引领党员干部把工作岗位当成创业绩、显身手、做贡献的阵地,努力把党组织的政治优势转化为发展优势,树立"一名党员干部,一面飘扬旗帜"的良好形象。

与此同时,省机电院公司党委还集中优势资源,发挥自身特长,积极打造"科技引领企业发展"党建示范品牌,为公司中心工作提供坚强的组织保证,为公司创新驱动发展提供不竭动力。

省机电院公司先后荣获国家科技进步奖三等奖、国家技术发明奖三等奖、省部级科技进步奖二等奖等各种国家级和省部级奖、中国专利优秀奖等199项,获优秀工程咨询、建设工程(勘察设计)等奖项近50项次,取得国家专利授权100余项(其中发明专利授权30余项),被评为"全国机械工业先进集体""浙江省勘察设计行业诚信单位"和"浙江省工商企业信用AAA级'守合同重信用'单位"等;并于2020年,在省国资委、省机电集团的关心和指导下,成功入选国家"百户科技型企业深化市场化改革提升自主创新能力专项行动"企业。

(5)金华市科技信息研究院以"1251"工作法推进"五星三强"党组织建设

金华市科技信息研究院党支部以"打造科技智库 助力创新发展"党建工作品牌为引领，紧扣"围绕中心、建设队伍、服务群众"的核心任务，明确"一个目标"、聚力"两大抓手"、做优"五大平台"、建强"一支队伍"，以"1251"支部工作法推进"五星三强"基层党组织建设。2020年，党支部荣获金华市直机关星级品牌党支部。

凝练党建品牌，明确"一个目标"——心中有目标，拼搏有动力。为加强政治统领、党建引领，支部结合实际凝练出了"打造科技智库，助力创新发展"党建品牌。"1"指明确一个目标，即"强党建带全局促落实"，努力提升"打造科技智库，助力创新发展"党建品牌的影响力和美誉度，为建设高水平创新型城市提供更加强大的科技信息资源支撑。

一是聚焦重点任务与核心业务，系统谋划总体开发架构，加快数字化改革。"揭榜挂帅"云平台特色应用被列为全省数字政府数字经济应用试点，金华"科技大脑"实现科技核心业务"一网通办"。加强科技统计信息分析研判工作，建立科技统计每月快报制度,探索金华市区域创新支撑信息系统,全面摸排企业创新能力底数。

二是聚焦科技发展重大战略和科技创新热点,并开展系列课题研究和信息支撑服务。自2000年以来完成20多项调研报告或资政建议;与浙江师范大学图书馆共建"金华市竞争情报研究中心",开展产业科技创新方面的合作研究。参与起草政策意见修订多项,包括《中共金华市委实施科技创新首位战略建设高水平创新型城市的意见》以及相应的政策宣传解读等,为全市科技创新、区域竞争、高效决策、危机预警等提供决策智力支持,为市委市政府和科技管理部门及社会提供高质量的科技信息支撑服务。

围绕组织建设,聚力"两大抓手"——党建工作要有抓手,不能泛泛而谈、泛泛去做。金华市科技信息研究院党支部找准了围绕组织建设、聚力"两大抓手"的工作着力点。"2"即聚力"五星三强"基层党组织建设,提升组织力;聚力形式多样的主题党日活动,增强凝聚力。

一是聚力"五星三强"基层党组织建设,提升组织力。围绕"党建强、发展强、治理强"的要求,以提升组织力为重点,不断强化政治统领、党建引领。党建强——强化组织建设,突出政治功能,建强支部堡垒。从严落实"三会一课"、主题党日等党内制度要求,开展支部书记上党课的活动,不断提升政治判断力、政治领悟力、政治执行力。结合实际进行基层党建工作新探索新实践,深化党支部"标准化＋信息化"建设,激活红色力量。发展强——党建工作与中心工作深度融合、互促共进。坚持"党建＋"理念,服务中心工作,持续推进党建和业务深度融合,自觉把科技信息工作置于经济社会发展大局中来谋划和推进,进一步提高科技信息服务质量。治理强——坚持党建引领,推进现代科技治理体系建设。严肃党内政治生活,加强党内监督,不断健全党支部参与重要事项决策机制,营造良好的创新生态,提升治理效能。充分发挥党员先锋模范带头作用,坚持不懈地抓好党性、党风、党纪、党规和廉政教育,营造风清气正的工作氛围。

二是聚力形式多样的主题党日活动,增强凝聚力。主题党日活动是党建工作的重要载体和好抓手。着力组织开展形式多样的主题党日活动,深入学习贯彻习近平总书记关于科技创新系列重要讲话精神;通过"党建＋历史传承"模式,聚焦"庆祝建党百年,汲取奋进力量"主题,开展"走红色教育基地,传承金华精神""瞻陈望道故居、品有味道真理——党员初心之行""传承烈士精神·永葆忠诚本色"等主题党日活动,营造党建带团建、党建带群建的良好氛围,增强团队凝聚力。

聚焦科技创新,做优"五大平台"——"5"指做优五大服务平台,即科技决策支撑平台、科技文献资源平台、科技信息宣传平台、科技创新政务平台、科技教育培训平台。坚持科技赋能创新智造,开展细分行业产业创新能力提升行动,着力从两个方面做优。

一是精准对接、加快推进传统产业转型升级。聚焦电动(园林)工具产业,发挥党员骨干力量作用,探索产业关键共性技术难题联合攻关实践,努力从标准引领、顶层设计向关键技术精准对接、拓展,整体引导和推进电动(园林)工具产业高质量创新发展。

二是深化服务、努力推动高新技术产业高质量发展。党员带头,冲在一线,深入基层、深入企业。开展企业创新政策巡讲培训,推广"企业研发项目信息管理系统"应用;组建金华市高新技术企业协会,举办高新技术企业高质量发展培训会,加快培育创新主体;走访企业"送政策、送服务、解难题、明需求",大力开展"科技攻坚服务年"三服务2.0活动,助力企业科技创新发展。

凸显"窗口担当",建强"一支队伍"——最后的"1",是指努力建设一支战斗力强、作风硬、清正廉洁的高素质科技信息人才队伍。

一是坚持把"工作学习化、学习工作化"作为提高党员干部队伍建设的重要途径。按照新时代党的建设总要求，深入学习贯彻习近平新时代中国特色社会主义思想，始终坚持把政治建设摆在首要位置，善于从政治上认识问题、推动工作，激发党员队伍的激情和活力，努力唱响"科技声音"。创办自主宣传研究学习载体——浙江省连续性内部刊物《金华科技》，该刊物的内容和质量受到了相关企事业单位的好评，并获评为2020年度金华市优秀内部期刊"金奖"；负责"金华科技"官方微信公众号更新维护工作，发动党员干部积极撰写发表原创文章。

二是坚持在服务大局中成长成才。教育引导广大党员观大势、谋大局、抓大事，坚持底线思维，保持战略定力，增强"窗口意识"，锚定"窗口标准"，凸显"窗口担当"，建设一支战斗力强、作风硬、清正廉洁的高素质科技信息人才队伍。在"科技创新"首位战略新征程中，党员干部坚定理想信念，勇担当、善作为，涌现出一些优秀的党员。其中，1名党员获评金华市庆祝建党百年表彰百名"优秀共产党员"，两名党员受到市直机关工委"战疫先锋"通报表彰，1名党员获评金华市政府系统直属机关党委"优秀党务工作者"。

7 园区平台党建引领案例

(1)宁波高新区把党建引领作为实现高质量发展的方法论

进入国家队仅14年,2013年扩容建设宁波新材料科技城,核心区面积也仅为55平方千米,却在2020年169家国家高新区评价中排名跃居第15位……宁波高新区稳稳居于国家高新区第一方阵,开创出高质量发展的"宁波高新区现象"。对此,高新区(新材料科技城)党工委书记、管委会主任黄利琴给出了答案:"党建引领是我们实现高质量发展的方法论。"

十几年来,宁波高新区始终不忘初心,加快协同创新、跨界融合,兼顾传统制造业持续赋能与优势新材料产业集群发展,产业升级和结构优化能力指标在2020年169家国家高新区中位列前10,高质量发展成绩单更是可圈可点。"成绩来之不易,关键在于全面加强党的领导,充分发挥党的政治引领作用。"黄利琴指出,"2020年,宁波高新区迎难而上,聚焦创新人才引育、创新资源集聚、创新生态构建等重点领域,以奋斗姿态交出了科技创新的高分报表。"

在高分报表背后,有一套完整的党建引领全局工作的方法论。宁波高新区聚焦"人"这个干事创业的第一要素,围绕"人"打造"高新铁军"队伍,在加强政治建设、提升干部能力、激发担当干劲上下功夫。持续强党性、铸忠诚、提干劲、强能力,推动党中央决策部署落地落细。通过一系列举措,园区党员干部始终保持昂扬战斗的精气神,保持不进则退、不甘人后的危机感,保持攻坚克难、争先进位的目标追求,以实干实为推动园区经济社会实现高质量创新发展。

党员干部着力培育创新资源,做强科创引擎——高新区是国家实施创新驱动战略的核心载体,增强科技创新力是我们的核心使命。宁波高新区牢记习近平总书记的殷殷嘱托,党员干部身先士卒,以俯首甘为孺子牛的精神,在培育和聚集创新资源、做强科创引擎上,探索出一套推动科技创新的方法论——成事之要,关键在人、根本在干。

在宁波高新区,有这样一家企业:2016年底,从100余平方米的两间房起步,用1年左右的时间快速扩展到两层楼;又用不到3年的时间,将规模发展到了3栋楼;不到5年,已在启动建设一个上百亩的产业生态园。这家模块化数据中心整体解决方案和产品的研发、设计、生产、销售、实施及运维服务提供商——浙江德塔森特数据技术有限公司,落户宁波高新区5年,实现了发展的三级跳。

该公司在成立之初、名不见经传之时,产品推销难,人才招聘难,一时举步维艰。高新区党员干部主动组织专班上门对接服务,深入了解企业发展的难点与痛点,然后有的放矢:就产品的市场化问题,专门召开业务对接会,召集市里的国企、行业龙头企业、银行与之座谈,促成业务合作意向。同时,积极牵线搭桥,帮助企业有针对性地开展人才引进工作。在企业发展步入正轨后,又不断地为企业的快速发展匹配各种创新资源。这一"扶上马、送一程"之举,为企业驶向发展的快车道解决了不少燃眉之急。成立当年,德塔森特就实现了盈利,2020年尽管受新冠肺炎疫情的影响,年销售额仍达3亿元,目前已实现B轮融资,并进入上市备案登记阶段。

2020年7月,国务院正式印发《关于促进国家高新技术产业开发区高质量发展的若干意见》,提出了新时代国家高新区发展的新使命和新目标——建设成为创新驱动发展示范区和高质量发展先行区。宁波高新区结合这一总体目标和"十四五"规划,确立了在"十四五"时期的总体定位,即"建设世界一流高科技园区"。

如何建设世界一流高科技园区？宁波高新区拿出的方案
是：围绕总体定位，以全球视野和国际先进理念来指导未来发
展，形成国际化未来技术创新体系、生态化创新创业环境、低碳
化经济发展方式、融合化产城发展路径，全面推进国家自主创
新示范区建设，将高新区建设成为生态智慧"科技之城"。到
2025年，全面建成国家自主创新示范区核心区，主要创新指标
达到国内先进园区水平，成为长三角重要的科技创新中心和国
内领先的高科技园区。

(2)嘉兴科技城以高质量党建引领高质量发展

嘉兴科技城作为嘉兴市南湖区科创主平台，始终坚持"姓
科"理念，结合区域科研院所、科创企业、孵化平台较多的特点，
大力实施两新党建"四大工程"，夯实党建基础，培育党建特色，
发挥党建作用，合力打造引领科技创新、人才创新、产业创新的
党建高地。

党建基础直接影响到党组织的战斗力。嘉兴科技城结合
自身实际，创新性地采用组织联设、阵地联用、经费联筹方式，
用"联"字诀夯实区域党建基础。根据小微企业多、孵化平台多、
党员分散的实际情况，嘉兴科技城将组织单建和联建有机结合
起来，以"成熟一个、组建一个，组建一个、带动一片"为原则，

使党组织覆盖范围越来越广。

针对核心区两新党组织较为集中,且多数党组织缺乏活动场地的问题,嘉兴科技城在黄金位置建设了党建公园和党群服务中心,为周边3千米范围内的两新企业提供集党务办理、组织生活、党员培训、休闲交流、文体活动等功能于一体的共享党建阵地,并派驻专业的"党务红领"负责管理,现场对各党组织的组织生活质量和记录进行指导,以阵地联用的方式,有效地提升活动开展质量。

为提升两新党组织的常态运转动能,嘉兴科技城采用经费联筹的方式,通过上级返还、本级配套、财政保障等形式,全面落实两新党组织工作补助、党员教育管理经费、党费返还、党务工作补助等各项规定。

在嘉兴科技城,两新党组织平台日益健全。两新工委实体化运作,常态化召开季度例会;不同领域,分别建立规上(线上)企业党建联盟、科创党建联盟,引领百家规上企业,辐射带动千家科创型孵化企业,提升两新党建水平。2019年,由嘉兴科技城89家规上企业组成的党建联盟正式成立,以促进基层党组织沟通交流党建工作。规上企业党建联盟主要以沙龙形式,每季度开展1次活动,通过非公党建平台的作用,以主题策划和具体活动相结合的方式,致力于为企业经营者、两新党组书记提供一个启迪思想、交流经验、展示自我的平台;共同关注两新组织党建工作发展方向,做到良性互动、资源整合,打造科技城非公企业党建品牌活动,促进非公企业党建与经营发展齐头并进。

以亚太路为中轴线的党建示范路线,示范效应日益明显。上线了一部两新党建宣传片,使智立方中心引领力更加突出,2019 年以来,已开展沙龙活动、会议培训、参观考察等多种活动。党群科技大道建设完成,党建公园提升工程、总部花园党群驿站建设基本完成……一批示范工程建设党建引领效应凸显。

加快推进未来院、柔电院等科研院所,新力光电、凯实生物等企业示范点建设,高质量党建引领高质量发展效应已经显现。浙江清华柔性电子技术研究院探索校地合作科研院所党建工作新模式,已把党建融入人才引进、科技攻关、对外合作、科技管理等各环节中。闻泰、谱创等一批市双管党组织,充分发挥市级党建指导员的作用,聘请了市委党校老师、资深两新书记等担任"一对一"党建培优。卫星石化大力实施"星合"党建工程,夯实党员职工思想政治和企业文化建设,破解党建工作和经营发展"两张皮"问题,强化发挥党建作用,"合心"共筑卫星梦,"合力"共创引领者,"合美"共画同心圆,为企业实现"双五计划"提供坚强保障。在卫星石化,党支部触角延伸到各部门及分公司等各领域,科研工作站、生产基地、营销分公司、在建项目等均设立了党支部,党组织和党员在经营管理上发挥重要的推动作用。嘉兴基地的王军党员团队,在技术、资金紧缺的情况下,仅用了短短8个月的时间,就建成了国内首套民营丙烯酸生产装置。

在农村环境全域秀美行动、垃圾分类等中心工作中,嘉兴科技城(大桥镇)各个村、社区中大量党组织、党员志愿者积极参与环境整治、优美庭院建设活动,助力中心工作开展。党建作用的发挥已渗透到各个领域,基层党组织已成为奉献社会的重要力量。嘉兴科技城打破园区企业地理界限,以成立新华爱心基金会党支部为契机,组织两新党参与公益事业加入拾回"珍珠"行动,筹建嘉兴科技城珍珠班,以党组织的名义资助品学兼优的高中毕业生完成大学学业。

(3)金华北大科技园以"123456"工作法强化红色引领

金华北大科技园党支部自成立以来,紧紧围绕园区创业创新、人才引进、招商引智、资源对接四大服务平台开展工作,不断丰富红领论坛、红色导师、志愿服务、党员五亮等活动载体，围绕园区业务探索总结出"123456"党建工作法，以此工作法不断强化红色引领作用，有效助力园区创业创新，获得北京大学校产办、金华市委组织部高度认可，成为金华探索园区党建发展的"新样本"。

"1L"园区：一流园区，即以一流党建助推一流园区建设。以"红色引领、创业创新"为主载体，积极发挥党组织优势，助力金华北大科技园打造成为浙江乃至全国创业创新高地。园区党支部自成立以来，承担了金华市干部创业创新教育现场教学的主要环节，成为金华探索园区党建"新样本"。

"2X"服务：两项服务，即创业服务、生活服务。聚焦园区企业发展及创业创新人才生活、工作需求，党组织牵头开展"红领论坛""红媒素"等各种红色服务，服务入园企业和创业创新人才健康、快速成长。科技园党支部利用自身组织优势，先后聘请了当地高校教授、法律专家、企业家和红色 CEO 等 20 多名各方面专业人士担任"红色导师"，定期开展红色导师大讲堂、红色导师进高校、红色导师一对一等活动，不断掀起创业创新"头脑风暴"。"红领论坛"已成为金华北大科技园党建特色载体。

　　"3D"组织:三大组织,即工会、共青团、妇联等群团组织。围绕"党建带群建,共建促发展"的思路,以党组织为核心,整合工会、共青团、妇联等组织资源优势,以党群一体化工作模式,共助青年实现创业梦想。科技园积极发挥党群各自优势,先后开展了"趣味运动会""员工体检"等多项服务,并成功举办青年创业者茶话会、妇女创业课堂等活动,帮助青年创客解决了50多个实际困难。党群一体化工作模式不仅密切了党员与群众之间的联系,更壮大了园区"双创"服务团队力量。

　　"4G"平台:4个平台,即线下活动平台、线上管理平台、青创党建平台、志愿服务平台。通过搭建线上与线下、教育管理与党性锤炼相结合的多维平台,引领党员立足岗位发挥先锋模范作用。针对园区年轻党员、流动党员多的特点,探索实行"党员五亮""积分管理""流动党员同等化管理"等制度,走出了一条契合创业党员特点的青创党建模式。同时依托8890服务平台(金华市8890便民服务平台),建立党员服务站,组建专业党员志愿服务队,赴农村、进社区、到广场开展各类志愿服务,不断拓宽党员服务群众、回报社会的途径。

　　"5T"体系:5套体系,即创业创新服务体系、资本对接服务体系、招商引智服务体系、人才引进服务体系、市场对接服务体系。科技园党支部始终围绕园区中心工作，通过组建业务党团小组，开展各类创业创新、资本对接活动，帮助企业快速落户、迅速发展。党建工作浸润于园区各类服务，无缝对接园区四大服务平台。在服务中同步推进党组织建设，培育优秀党员，使党建与园区发展比翼齐飞。

"6F"工作法："孵""辅""扶""服""富""福"。金华北大科技园立足园区实际，探索实施"6F"党建工作法，大力推进同步、共荣、双赢的"双强"示范园区创建。从孵化、辅导、扶持、服务到富裕，最终将园区建设成为创业者的福地。"孵"，为初创型企业孵化、壮大发挥支撑作用，充分发挥园区孵化器的作用；"辅"，聘请红色导师，定期开展红领论坛，为园区企业发展和经营管理等提供理念辅导和方法引领；"扶"，发挥组织优势和党员专长，帮扶创客提升创业能力；"服"，建立党员志愿服务站，为园区党员、企业及创业群体提供各类服务；"富"，协助政府在落实政策优惠、人才措施等方面进行协调，帮助企业降成本、出效益，帮助创业者实现创业富强的梦想；"福"，党建和发展实现双赢，将园区打造为快乐工作、健康生活的幸福之地。

在园区经济重要性日益凸显的今天，怎么发挥园区党建的示范引领作用已成为一个重要的课题。金华北大科技园党支部"123456"特色党建工作法大胆创新,为各类创业园区党建工作开展提供了"新样板"。

一是创新了园区党建党员的组织生活形式。园区党员发挥自己的一技之长,成为创业青年的导师,并发挥自身特长,结合党员活动日,做好党员服务群众工作。

二是创新了园区党组织的工作方式。非公企业党建一直是党建工作的难点和重点。园区根据年轻党员多的特点,开展各类青创党建活动,让每一位党员发挥自己的热量,让每一位党员有成长、有进步,在组织中有所收获。

三是创新了流动党员的管理模式。园区党支部根据流动多的特点,积极关心流动党员,开展相关的党建活动,让流动党员感受到组织的温暖以及自身的存在感,从源头上破解流动党员管理难的问题。

(4)嘉善科技创新实验场"四共四联"党建联盟激活创新动力

近年来,嘉善经开产业新城长三角科技创新实验场,作为长三角一体化发展示范区内极具影响力的"瞪羚企业"集聚区示范区,呈现良好的发展态势。创新实验场积极探索以党建为引领、以人才为骨干、以创新为驱动的"党建 + 人才"机制,激活园区创新动力,助力科技发展,有效促进党建工作与两新组织互融发展,实现"党建强、发展强",目前已成为整个开发区园区对外开放、产业升级、文化交流和新型产业工人集聚的高地。

筑强堡垒构建"四共四联"党建联盟机制。针对园区内企业不多,企业内员工分布不均,党员人数相对较少、分布较分散的情况,园区党支部将分散在产业园内企业党员党组织关系转接进来,进行有效集中管理。同时,进一步贯彻园区中"四共四联"组织体系,即坚持"共建、共管、共享、共用"4个共同原则和采用"党委搭台+专业机构运作+园区党组织联动+园区企业协作"四方联动,统筹协调,有力促进党组织覆盖和工作覆盖,园区党组织积极宣传并落实市、县安商助企的政策、措施,帮助园区企业解决办公条件、人才引进、税务减免等方面的实际困难。完善主题党日活动开展、党费缴纳、党组织关系转接等党员普遍关心的问题,逐步健全党员组织关系排查、流动党员接收管理、党务专业培训等制度。与工会、共青团、妇联等群团组织形成合力,围绕企业员工普遍关心的劳资维权、就医就学、职业发展、文体生活等内容开展各项企业志愿服务,使党建工作贴近企业需要、贴近党员需要、贴近职工需要,促进彼此之间的深度融合、合作共赢,大大推动园区党建工作规范化、常态化、长效化。建好科技人才阵地建设,打造一流红色阵地。

积极发挥党组织助力科技创新中的核心作用。园区按照企业的类别、产业关联度等内容组建产业党组织联盟,鼓励各园区有针对性地成立大学生创业企业、环保新材料产业、信息科技产业等党组织联盟,实现党组织设置与企业产品研发、市场拓展、品牌推广以及上下游产业的联动。党支部鼓励企业参与相关行业产业党组织联盟,同时深入组织开展党建联盟、人才沙龙、青创空间等活动,发挥党组织凝聚作用。同时,举办"3+1"(集成电路、生物医疗、精密制造和科技信息)产业高峰论坛,将园区党建工作与企业中心工作目标同向、措施同定,充分发挥党的组织优势,并将其转化为企业的发展优势和不竭动力,促进产业区域合作,实现科技企业井喷式、裂变式增长。

着力构建优秀高端人才发展党员的引力机制。为把人才培养为党员,把党员培养成人才,党组织通过开展党员系列活动,把企业文化注入党建元素,带来积极向上的"正能量"。建立孵化机制,充实党建力量,对于园区内没有党员、没条件建党组织的企业,联合群团组织建立选育培养机制,将企业中层以上管理人员、技术骨干等列为发展党员重点对象,从中培育优秀骨干。成立党员攻坚小组,鼓励园区内部分高尖人才以智力入股、技术入股、成果转让、科技咨询或开展科技开发、科技承包等形式，参与重点骨干企业的运行，参与科学技术攻坚。建立青年人才创业项目的投入机制，对外来引进的各类高尖青年党员人才加大保障力度，对参加科技攻关或技术革新，并取得成绩的高技能青年党员人才，建立创新奖励保障，进一步激励青年党员人才的高层次后续发展，为园区建设提供坚实的人才支撑。组织开展志愿服务、劳动竞赛、技能比武等主题党日活动，宣扬敬业爱岗的价值理念，发挥党员的先锋模范作用。同时，积极开拓各项文化活动，促进党群之间的理念融合和价值凝聚，构建党建文化共同体。

(5)银江以党建促业务打造一流孵化器

孵化器载体存在人员流动性大、地点分散等问题，进而导致很多入孵企业党员找不到组织，组织生活无法正常开展。银江孵化器股份有限公司在多年的孵化器党建工作中，摸索出一条特色之路。总结起来有以下几点：

第一，党员运营团队是基础——健全组织架构，强化党员身份，提高身份认同感。孵化器的基层运营人员是和入孵企业接触最紧密的群体，在入口处把好关是基础要务。目前，银江孵化器在杭州区域一共有7个园区，每个园区的运营团队，孵化器专门安排了至少 1 名党员参与园区运营。这样在入孵企业进入或退出孵化器的时候,就能在第一时间摸排入孵企业党员,方便关系转接。同时,孵化器每个月的主题党日活动中有一个环节是政治生日会,即组织当月过政治生日的同志开展重温入党誓词、赠送红色书籍等活动。通过强调党员的政治身份,来加强园区内党员的身份认同感。

第二,信息化手段是平台——用信息化手段做平台,加强各园区之间联动。由于银江孵化器遍布杭州各个区域,所以统一过党组织生活存在一定不便。从 2018 年开始,银江孵化器每个园区统一采购了视频会议系统,通过信息化手段,将分散在不同园区的党员凝聚起来,共同参与主题党日活动。

第三,党建促进业务是核心——每月邀请党员干部进行最新业务分享,用党建促进业务。孵化器党建的着力点是汇聚员工力量共同建设和谐园区。如何加强园区企业对党建活动的支持？如何提高入孵企业党员干部在日常工作中的话语权？如何打造青年创新创业的家园？以党建引领业务发展是孵化器党建工作的核心。银江孵化器的主题党日活动,每月邀请各园区内党员干部进行一次业务分享,对公司最新业务、新入孵企业的业务进行分享,充分发挥园区内企业之间的业务互动,打造园区企业业务内循环架构。

第四，党务共建活动是亮点——团结一切可以团结的力量，与其他支部党务共建，丰富园区活动。除了自身的党建工作之外，孵化器党建工作还可以充分利用孵化器自身资源，加强与其他支部的共建，开展形式更加丰富的党建工作，既花了小钱办大事，又加强了孵化器与企业、三方机构之间的联系。孵化器自身有一个很大的资源优势，就是集聚的企业群，很多2B类型的企事业单位是非常合适的共建对象，比如，银江孵化器曾与工商银行共建企业沙盘推演活动，由工商银行邀请企业经营管理方面的专家，由孵化器组织园区内的企业负责人及党员干部共同参与。通过这类活动，孵化器加强了与企业的黏性，丰富了园区活动，同时银行也获得了相应的企业资源。

第五，碎片化理论学习是纽带——自制党建周刊，利用碎片化时间强化政治学习，加强和党员的联系。银江孵化器每月会定期举办主题党日活动进行理论学习，除此之外，还组织各支部，每周定期制作党建周刊，将中央及地方最新指示、园区企业相关新闻做成一张长图，向各位党员发放，利用这一形式，让各位党员可以在碎片化的时间里，了解最新理论知识和园区新闻。

8 科技企业党建引领案例

(1)西子电梯党建引领促发展凝聚人心、智慧与力量

西子电梯科技有限公司党支部将党建工作全方位、多元化地深度融合到企业文化建设、科技创新及生产管理的各个领域,切实执行党建主体责任的要求,有声有色地开展党建管理工作,充分激发公司全体党员与广大员工的积极性、创造性,进一步凸显"党建引领促发展、凝心聚力谱新篇"的目标导向。

①凝聚人心:共享和谐、健康的企业创新文化——通过"三个凝聚"工程,不断提升党建工作的质量。自开展"不忘初心、牢记使命"主题教育以来,西子电梯党支部以"党建引领促企业发展"为宗旨,狠抓党组织建设与党员教育工作,通过保质保量地实行"党员固定活动日"制度,不断深化党性教育管理,同时切实贯彻群众路线,别具特色地将党建工作全面、深入地延伸到公司的各个部门,促使公司的凝聚力和战斗力不断提升。

全面调动公司党、工、团、妇联等组织的力量,联合筹划、共同开展全员的政治思想工作与公司的企业文化活动,是西子电梯党建工作中亮点之一。在党支部的大力推动下,公司先后建

立了企业学院、图书室、运动场、健身房、休闲吧等文体场所。2019 年 6 月，在原有党建活动室的基础上，公司又开辟了集活动、会议、阅读与休闲等于一体的多功能党群活动中心；同期，还成立了浙江省发明协会智慧电梯专业委员会，以此不断培育学习型组织、打造创新型团队。

西子电梯党支部经常牵头筹划、组织各类企业文化活动，并鼓励有专业特长的党员积极参与。这些丰富多彩的活动，为共建、共享企业文化做出了贡献。党建强，全员强，企业强。只有不断强化党组织的战斗力、凝聚力和引领力，才能持续提升全员的政治素养、思想觉悟，坚定内心爱党、爱国、爱企、爱岗的信念，点燃党员为员工尽责、员工为企业履职的情怀。富有特色的党建活动、和谐健康的企业文化既凝聚了全员的人心，又提振了企业创新的热情，是公司科技创新与高质量发展的原动力。

②凝聚智慧：共建充满活力的科技精英团队——凝聚智慧，才能凝聚力量。以科技创新为龙头，西子电梯的特色党建工作已经融入公司的各个业务板块。立足企业管理，强化党建引领，在相关部门成立"党员先锋突击小组"，充分发挥优秀党员的示范带动作用，在急难险重的任务中通力合作，积极发挥

先锋模范作用,努力把党员培养成企业的优秀人才和中坚力量;同时,来自研发、制造、营销、服务、管理和 IT 等部门的 10 余位党员,摆脱原有局限于本部门业务的思维模式,特别组建了跨系统的"技术创新攻关小组"。

2020 年初,新冠肺炎疫情暴发,西子电梯迅速组建了以党员为骨干的抗击疫情应急领导小组,科学规范、有条不紊地向全国各地的分支机构指导各项安全防控举措。其间,技术创新攻关小组有针对性地推出了二维码呼梯、全息悬浮操控、第二代语音呼梯等多项免接触按钮的电梯操控功能。在复工复产的路上,公司党支部统筹规划,有序组织各种线上、线下活动,全面落实"六稳"工作,扎实做好"六保"任务,最终克服了疫情带来的各种困难,使公司全年关键经济指标同比逆势增长40% 以上。

近年来,攻关小组成员通过发掘自身的专业经验,培育了更有创造力的团体智慧,纷纷提出诸多数字化创新改进思路,为研发、制造、服务各大系统提供了创新方案。至今,公司在研发管理、生产制造、客户服务领域全线应用智慧技术,使得公司在数字化、智能化改革方面走在国内同行的前列。公司每年推出 20 多项创新技术,其中专利技术达 10 余项,而且不时有新产品推向市场。这些优势技术，都来自富有创新活力、以党员为骨干力量的精英团队。

只有体验经济时代，科技以人为本，才能持续增强广大人民群众的获得感、安全感和幸福感。西子电梯党支部的党建工作，也将始终引领公司"安全、舒适、绿色、智能"的研发创新理念，努力打造"人—梯—生活"的和谐人文体系，让乘客真正体验到高安全与高品质的先进技术，为平安城市和智慧城市的建设奉献更多智慧、做出更大贡献。

③ 凝聚力量：共创高质量发展的科技创新成果——心中有信仰，脚下有力量。2014 年，西子电梯党支部深度结合伟大的"长征精神"，发起了以"行走的力量"为主题的毅行行动。作为最有特色的组织活动，近 7 年来，通过不断创新、突破，参与人员越来越多，已经从公司员工拓展到众多合作伙伴，毅行线路遍及全国、涉足海外，行走里程已从最初的 5 千米延展到最长的 50 千米。

公司传承40年的专业经验，始终坚持自主创新、自主生产，拥有很强的研发实力和完善的产品体系，以合作重于竞争的经营理念、引领潮流的技术优势、覆盖全球的销售服务网络铸就行业领先品牌。

近年来,凭借富有竞争力的技术优势,公司为国内 300 多家电梯企业提供部件配套,整梯订单以 36% 的速度快速增长,远高于国内同行 6% 的平均水平,产品与服务覆盖全国各地,海外业务已拓展至五大洲的近 100 个国家及地区。公司在实现高质量发展的基础上,同时取得了高速度的增长,并日渐成为品牌国际化、科技全球化的高端制造企业。

(2)科技型企业数字经济"党建联盟"赋能"数智杭州"

以阿里、网易、大华等国内数字经济领域龙头科技型企业党组织作为创始成员的杭州数字经济党建联盟,共同围绕党建工作的实践、理论课题的研究、创新品牌的孵化、公益项目的实施等方面开展活动,集结多方力量,整合优势资源,为数字经济安上强劲"主心骨"。

从"数字引擎"党建"139"行动计划,到成员单位"轮值任务清单",形成"重点企业轮值、协会项目创投、小镇(园区)联盟运行、项目课题领办"等组合运转方式,通过定期督办通报推进绩效等方式,推动形成"部门合作联起来、党建联盟融起来、云端线下聚起来"的生动局面。

针对数字经济企业灵活、多变,企业员工年轻、高知、活跃等特性,杭州于 2020 年发布的"智慧党建'1+10'应用场景",

是其对党建数字化应用的又一次顺势而为。依托智慧党建系统,杭州还开发了数字经济党建支撑运维系统,推广应用先锋码,实现党员教育管理和支部组织生活全过程"云上"考核、数据预警、在线督办。通过党建大脑驾驶舱"热力榜"动态晒绩亮效,激发数字经济企业党组织组织生活、党员回归、党员教育等工作的内在活力。

同时,通过"支部＋社团"等方式,为数字经济青年群体量身定做,也让更多的数字经济青年人才凝聚在党的周围。"活动有党味、网味、青春味,年轻人都喜欢。"在数字经济党建领域,"支部＋社团"等组织生活方式的普遍推广,让党组织活动更加彰显青春性、体验性和成长性,一批流动党员、口袋党员回归企业党组织,一批重点群体加入党组织。"党的工作在哪里,党员在哪里,党的建设就推进到哪里。"推进"支部建在项目上、小组建在团队上、堡垒建在战队上"等做法,沿着数字经济企业工作单元、项目团队设立党组织,筑强数字经济领域一线堡垒。

作为服务对象的同时,数字经济企业也反哺杭州数字经济党建工作以更多能量。抗疫初期,浙江每日互动网络科技股份有限公司董事长兼总经理方毅肩上压力巨大,身为党委书记的他带领公司党员骨干组建了"个医"团队。"头1个月每天只能睡三四个小时。"方毅回忆,团队运用大数据方法开展疫情态势研判和传播路径分析,拓展防疫应用场景,为杭州健康码赋码引擎研发迭代提供技术支持。通过公益项目履行社会责任,也是不少数字经济企业的选择。2020 年 12 月举行的数字经济党建高峰论坛还发布了首批由数字经济企业党组织发起、具有全国影响力的公益项目,用产业优势为公益事业赋能,用公益理念增加数字经济党建厚度。

(3)中石科技以"五色"党建工作体系促发展

新凤鸣集团湖州中石科技有限公司成立于 2012 年 7 月,于 2013 年 11 月成立党支部,2019 年 6 月,党支部升格党委。公司注重信息化、智能制造等方面的建设,先后获得国家级绿色工厂、工信部两化融合贯标管理体系、国家高新技术企业、浙江省企业技术中心、湖州市金象企业、湖州市纳税大户等荣誉称号。公司党委在传承集团"五双工作法"的基础上,将党建和产品"长丝"以及体现新发展的"丝路"有机结合,最终确立了以"红、黄、蓝、绿、紫"为基调的"凤鸣丝路·'五色'党建工作体系"。

公司党委始终坚持"围绕发展抓党建,抓好党建促发展"的理念,打造"五色丝路",助推企业发展升级。红丝系信仰,依托红领学院、新凤鸣网络学院、新凤鸣商学院等平台,完善"双听沟通"法,实现企业听员工说、员工听企业说,赢得上下共识。黄丝系活力,坚持党建带群建、群建促党建的思路,以党建引领带动工、青、妇协同发展,激发员工活力,有效推动党建活力转化为发展动力。蓝丝系平安,围绕企业安全生产和大平安建设,通过"双带示范"建设,以志愿服务的形式积极参与到平安建设中去,做到"党员身边无事故"。绿丝系创新,采取"党建＋人才＋项目"工作模式,依托院士专家工作站、党员专家工作室、诺奖院士站等平台,推行"双培推优法""双创共建法",不断激发企业内生动力。紫丝系人心,从"关心关爱"入手,完善"双联结对"法,通过党员导师带徒、困难职工慰问、组织员工子女夏令营等活动,使党组织真正成为员工工作上的"主心骨"、生活上的"贴心人"。

(4)晨丰科技党建引领"五亮五实五创五融合"

位于海宁市的浙江晨丰科技股份有限公司,坚持红心向党、晨丰爱党、红船领航、"三强六好"的标准要求,积极探索符合晨丰特色的党建工作模式。回溯晨丰科技的发展历程,党支部在公司的发展壮大中起到了重要作用,党建引领创新发展是晨丰科技始终坚持的第一原则。

晨丰科技按照支部主题党日"一月一主题、一月一特色"的要求，组织开展了具有时代特色和创新精神的系列主题党日活动，让全体员工在奋斗中感受幸福、成就事业，从而促使晨丰科技更加牢固地掌握行业发展主动权、细分市场的话语权。2019年8月，以海宁市《非公有制经济党建工作规范》地方标准为蓝本的《浙江省"小个专"党建工作规范》（以下简称《规范》）发布，在全省试行。晨丰科技党支部负责人指出："这是一本'红色指南'，具有鲜明的党性和实践性，也是我们党支部工作的'一本通'。""按照《规范》的指导，就如何做到'规定动作做到位、自选动作多发挥、创新工作有亮点'，我们找到了明确的、可操作性强的路径。"也正是在这一《规范》的指导下，晨丰科技党支部结合企业实际，建立了每日晨会、班组党建、快乐车间等机制，在基本制度得以有效巩固的基础上，使企业研发部门的党群战斗力和创新力进一步被激活。

晨丰科技一直按照党建强、人才强、发展强的工作要求，紧紧围绕公司发展目标，以党建工作为主线、以队伍建设为主体、以创新发展为主题、以生产经营为中心、以问题导向为重点，按照"三强六好"的支部建设标准，充分发挥党支部战斗堡垒作用和党员先锋模范作用，开展了具有亮点和特色的"五亮五实五创五融合"活动,取得了显著成效。

在"五亮五实五创五融合"活动中,公司党支部要求党员按照车间班组的管理要求,划分党员责任区,创建党员先锋岗和示范岗;针对薄弱环节,亮明工作措施,坚持立查立改,自觉做到把工作清单晒出来。同时,采取强实体组织、列实干清单、建实用阵地、创实效载体、创客户满意标兵、创追求卓越品牌等举措,让组织体系与班组设置相融合、党内活动与生产经营相融合、作用发挥与创新发展相融合、党建元素与企业文化相融合、关爱关怀与企业形象相融合。

此外,晨丰科技党支部还突出主题,抓住重点,开展主题教育,编印了制度和工作手册,重视落实"三会一课""三联三会"、党员固定活动日等制度,以党建引领企业发展壮大。经过多年发展,晨丰科技已成为行业龙头骨干企业,也是全球行业灯头之"皇"。小灯头里面闯出了大事业,晨丰科技通过管理创新和科技创新,获得了多项自主知识产权和国家级、省级等各类荣誉。

参考文献

[1] 旗帜网评论员. 着力推动新时代中央和国家机关党的建设高质量发展 [EB/OL].http://www.qizhiwang.org.cn/n1/2021/0207/c433027-32025138.html.

[2] 中央和国家机关工委印发《关于破解"两张皮"问题推动中央和国家机关党建和业务工作深度融合的意见》[J]. 旗帜, 2020(11):46-47.

[3] 本刊评论员. 着力破解"两张皮"问题 推动机关党建和业务工作深度融合 [J]. 机关党建研究,2020(11):1.

[4] 中共中央关于制定国民经济和社会发展第十四个五年规划和二〇三五年远景目标的建议 [EB/OL].http://www.gov.cn/zhengce/2020-11/03/content_5556991.htm.

[5] 中共浙江省委关于制定浙江省国民经济和社会发展第十四个五年规划和二〇三五年远景目标的建议 [EB/OL].http://www.zj.gov.cn/art/2020/11/22/art_1229325288

_59046929.html.

[6] 袁家军在省委党校秋季学期开学典礼上的讲话摘要 [EB/OL].http://old.zjsjw.gov.cn/ch112/system/2020/09/10/032717906.shtml.

[7] 陈一新. 学好党史这部强党资政育人的最好教科书 [J]. 党建,2021(6):27-31.

[8] 王志刚. 强化政治引领 突出政治机关定位 把党的全面领导贯穿科技工作全过程 [J]. 旗帜,2019(2):23-24.

[9] 陈金彪. 以党的政治建设为统领建设清廉机关创建模范机关 [J]. 旗帜,2019(1):59-60.

[10] 贺德方. 以党建为引领 营造良好的科技创新政策环境 [J]. 紫光阁,2018(6):75-76.

[11] 朱汝明. 以党建和业务深度融合推进模范机关建设 [J]. 旗帜,2020(4):47-48.

[12] 范波. 让机关党建与业务实现"相融共进" [N]. 学习时报,2020-8-31(004).

[13] 潘岳. 推动党建和业务深度融合见真章求实效 [J]. 旗帜,2020(6):44-46.

[14] 张东晓. 唱好党建与业务合奏曲 [J]. 旗帜,2020(7):94.

[15] 谢定强 . 推进党建与业务深度融合 高质量建设区域性科研创新中心 [N]. 赣南日报,2020-6-21(001).

[16] 宋刚 . 钱学森开放复杂巨系统理论视角下的科技创新体系——以城市管理科技创新体系构建为例 [J]. 科学管理研究,2009,27(6):1-6.

[17] 蔡清伟 . 新时代"把党的政治建设摆在首位"的逻辑证成 [J]. 领导科学论坛,2019(9):4-8.

[18] 本报评论员 . 凝聚更强大合力 促进高质量发展 [N]. 人民日报,2020-08-23(001).

[19] 人民日报评论员:增强创新这个引领发展的第一动力 [EB/OL].http://www.xinhuanet.com/2020-09/13/c_1126486431.htm.

[20] 突出政治功能 提升基层组织组织力 [EB/OL].http://henan.china.com.cn/m/2020-06/29/content_41201569.html

[21] 央网信办机关党委 . 以科学方法推进机关党建高质量发展 [J]. 机关党建研究,2020(4).

[22] 毛群安 . 牢固树立政治机关意识 推进党建业务深度融合 [J]. 机关党建研究,2020(6):14-16.

[23] 武玟斌 , 刘宏伟 . 党建创新引领科技创新——评《驱

动科技创新——中国科学院京区党建工作的实践与探索》[J].科技进步与对策,2020,37(23):162.

[24] 孙聪,宋庆国.党建引领 科技赋能 在化危为机中构建创新发展新格局 [N].中国航空报,2020-7-7(005).

[25] 中共许昌市委编办课题组.机关党建与业务深度融合的路径研究 [J].行政科学论坛,2020(11):20-23.

[26] 李加坤.关于机关党建与业务工作深度融合的思考 [J].党建研究,2021(3):52-54.

[27] 国家互联网应急中心党委."数字党建"赋能党建工作高质量发展 [J].旗帜,2021(1):56-57.

[28] 邹加怡.推动党建与业务深度融合 [J].旗帜,2021(2):38-39.

[29] 徐长华."智慧党建"助力党建工作高水平高质量发展 [J].旗帜,2021(2):72.

[30] 唐恒博.开启党建智慧融合新格局 [J].人民周刊,2020(24):72-73.

[31] 智慧党建平台.党建工作的新思维和新途径 [J].支部建设,2020(32):50-51.

[32] 关键词解读｜"智慧党建"工程 [EB/OL].http://news.

gog.cn/system/2017/11/28/016248598.shtml.

[33] 数字党建正确的打开方式 [EB/OL].https://tieba.baidu.com/p/7252892936.

[34] 本刊编辑部 . 党旗,在科技战疫第一线高高飘扬——浙江科技战线党员干部抗击疫情纪实 [J]. 今日科技,2020(02)：32-36.

[35] 张伟 . 党建引领是高质量发展的方法论 [N]. 中国高新技术产业导报,2021-05-03(001).

[36] 杭组文 . 数字经济党建赋能 "数智杭州" [J]. 杭州,2021(4):50-53.

[37] 陈翔 . 西子电梯科技有限公司:科技以人为本 共创美好生活 [J]. 今日科技,2021(2):54-55.

[38] 锚定头雁标准 打造具有全球影响力的创新创业体系 [J]. 杭州科技,2021(1):2-8.

[39] 杨平平 . 浙江晨丰科技:党建引领 "照亮" 创新发展路 [EB/OL].https://zj.zjol.com.cn/news/968325.html.

附 录

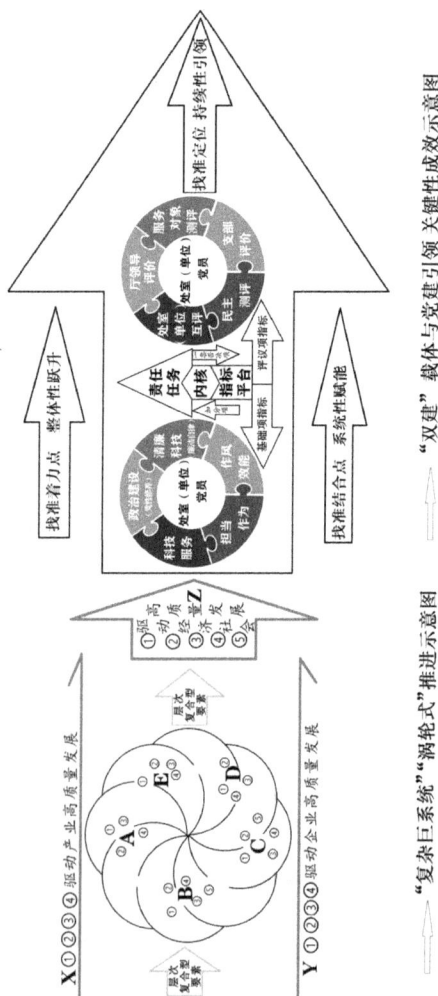

"党建引领浙江科技创新高质量发展"思维导图(一)

—— "复杂巨系统" "涡轮式" 推进示意图 ——→ "双建" 载体与党建引领关键性成效示意图

192

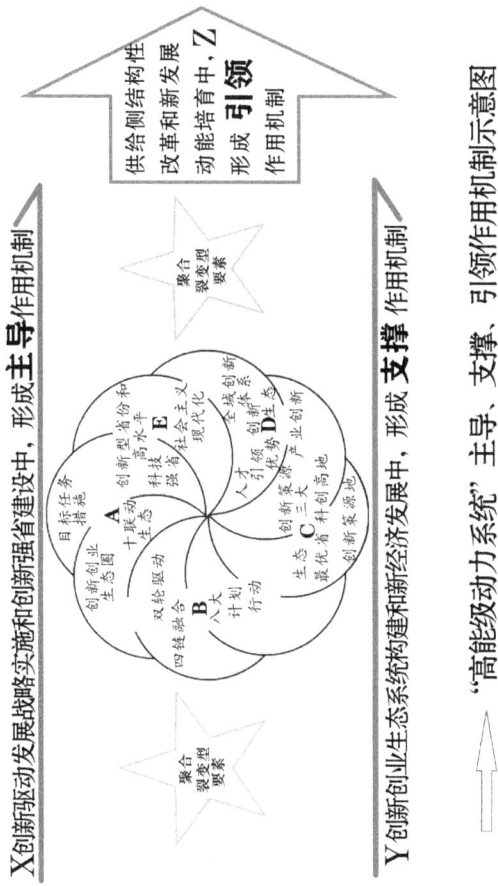

X 创新驱动发展战略实施和创新强省建设中，形成**主导**作用机制

供给侧结构性改革和新发展动能培育中，Z 形成**引领**作用机制

聚合裂变要素

目标任务清单 A
创新创业生态圈
双轮驱动 B 八大
四轮综合计划六大行动

创新型省份和科技强省 E 高水平生态十联动
创新社会主义现代化

全域创新体系 D
人才引领全域创新生态

生态 C 三大
创新策源最优省科创高地
创新产业化高地
创新策源地

聚合裂变要素

Y 创新创业生态系统构建和新经济发展中，形成**支撑**作用机制

⟹ "高能级动力系统" 主导、支撑、引领作用机制示意图

"党建引领浙江科技创新高质量发展" 思维导图(二)

193

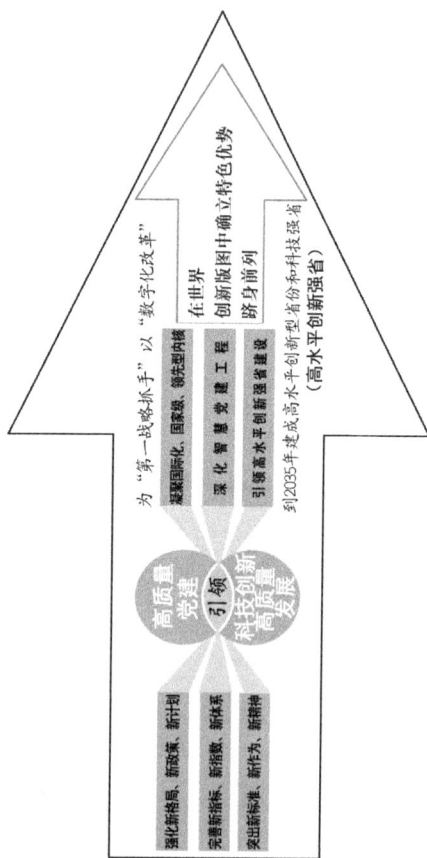

"党建引领浙江科技创新高质量发展" 思维导图(三)

后　记

在本书编撰完成提交出版社的 6 月，中国知网的摘要与关键词、篇名中包含"党建引领、科技创新、高质量发展"的文献分别是 17 篇、0 篇，主题中体现"党建引领、科技创新、高质量发展"相关内容的有 676 篇。从摘要与关键词、篇名的数据来看，深入研究、专题研究、聚焦研究"党建引领科技创新高质量发展"的文献还不多。这让我们在欣喜之余依然心怀忐忑，这一新的研究思路和成果，既可能为大家打开视野，也可能达不到大家的预期。

在项目研究、报告撰写和本书编撰过程中，先后得到中央党校、中国科学技术信息研究所、省委党校、浙江省社会科学院、浙江日报社、科学技术文献出版社、浙江工商大学出版社等单位专家的指导。专家们对基于钱学森复杂巨系统理论研究科技创新高质量发展的新思路给予了肯定，对浙江科技创新高质量发展正在加快形成"高能级动力系统"的观点提出了进一步深化、细化、量化的建议，并建议将研究成果以专著形式出版。

在研究与编撰过程中,还得到浙江省科学技术协会、浙江省农业科学院、浙江省科技信息研究院、浙江省科研院所联合会、浙江省高新技术企业协会、杭州市科技局、宁波市科技局、温州市科技局、湖州市科技局、嘉兴市科技局、金华市科技局、绍兴市科技局、舟山市科技局、杭州市科技信息研究院、金华市科技信息研究院等 20 余家单位相关部门的支持,在此一并表示感谢。